Gudrun Böckermann / Wolfgang Hein

Illustriert von Ronald Parusel

Verlag Katholisches Bibelwerk

Die Deutsche Bibliothek - CIP-Einheitsaufnahme
Ein Titeldatensatz für diese Publikation ist bei
Der Deutschen Bibliothek erhältlich.

Verlag Katholisches Bibelwerk, Stuttgart
ISBN 3-460-30466-9

Aussaat Verlag, Neukirchen-Verlag
ISBN 3-7615-5137-1
Bestell-Nr.: 155137

Konzeption und Text: Gudrun Böckermann, Wolfgang Hein
Gestaltung des Umschlags und des Innenteils: Ronald Parusel
Druck: Freiburger Graphische Betriebe

Inhalt

Das Alte Testament

Das Neue Testament

Liebe Quiz-Bibel-Freunde,

kommt euch dieses Buch auf den ersten Blick irgendwie "Rätsel"-haft, "Knobel"-lig, "Quiz"-zig und "Lust"-ig vor? Ihr habt Recht, so ist es und so soll es sein. Denn dieses Buch ist eine Bibel der besonderen Art: eine Quiz-Bibel. Hier könnt ihr raten, rätseln, quizen und lachen und erfahrt alles rund um Mose, David, Jesus und Co. Die Quiz-Bibel ist nämlich nebenbei eine vollständige Bibel für Kinder. Sie enthält die wichtigsten und schönsten Geschichten aus dem Alten und Neuen Testament - aber eben anders, eben in Quiz-Form.

Vielleicht habt ihr bislang gemeint, Bibel und Glaube sei eine fromme Angelegenheit und außerdem fürchterlich langweilig - dann irrt ihr euch gewaltig. Denn: Die Quiz-Bibel macht Spaß! Es gibt nämlich viel zu rätseln, knobeln und tüfteln, damit man entdeckt, was hinter den biblischen Geschichten steckt. Da gibt es Bilder-Kreuzworträtsel, Rebus-Rätsel, Silben-Rätsel, Suchbilder, Irrgärten und vieles mehr. Manche Rätsel sind ganz schön schwer, andere wieder leichter. So ist für jeden von euch etwas dabei.

Noch schöner wird das Buch, wenn ihr die Bilder anmalt oder die Szenen weitermalt. Also, auf geht's: Habt ihr die Stifte parat? das Hirn angeschaltet? alle Sinne ausgefahren? Dann los und viel Spaß beim großen Rätseln mit der Quiz-Bibel.

Wie funktioniert was?

Bei den meisten Quiz-Aufgaben wirst du sofort wissen, was zu tun ist, um das Rätsel zu lüften. Einige sind jedoch schwieriger und werden hier erklärt.

1. In den Buchstaben-Gewirr-Rätseln suchst du ein Wort zwischen vielen Buchstaben einer Zeile. Z.B. entdeckst du "Maria", wenn du ab dem 5 Buchstaben zu lesen anfängst: WOÄHMARIAJHRNPL.

2. Das Buchstaben-Gitter hilft dir, fehlende Worte in einem Lückentext zu ergänzen. Siehst du z.B.:

	1	2	3	4	5	6
a	A	B	C	D	E	F
b	G	H	I	J	K	L
c	M	N	O	P	Q	R
d	S	T	U	V	W	X
e	Y	Z	Ä	Ö	Ü	

musst du einfach im Buchstaben-Gitter

2a   3e   6c

die 2 oben mit dem kleinen a auf der linken Seite verbinden und erhältst den Buchstaben B. Tue dasselbe mit 3 und e = Ä, 6 und c = R und du hast den "Bär".

3. Das Bilder-Rätsel, auch Rebus genannt, funktioniert so: Benenne den abgebildeten Gegenstand, z.B. "Maus", und folge den nebenstehenden Anweisungen. $\diagup$ heißt, dass der erste Buchstabe wegfallen soll, also wird aus "Maus" "aus". $\diagup = $ **H** bedeutet, dass der erste Buchstabe wegfällt und dafür ein "H" geschrieben werden soll, so entsteht das "Haus".

Und nun viel Spaß!

Gott erschafft die Welt

Am Anfang schuf Gott Himmel und Erde; die Erde war wüst und leer. Gott sprach: „Es werde Licht!", und es wurde Licht. Gott schuf Licht und Finsternis, Tag und Nacht. Er schuf Himmel und Erde, Land und Meer. Gott schuf die Pflanzen und Bäume, Gräser und Blumen auf der Erde und setzte Sonne, Mond und Sterne an ihren Platz am Himmel. Dann schuf Gott alle Tiere der Erde, alle Vögel des Himmels und alle Fische des Meeres. Am sechsten Tag schuf Gott den Menschen. Als Mann und Frau erschuf er sie. Da sah Gott auf alles, was er erschaffen hatte, und sagte: „Es ist sehr gut!"
Am siebten Tag ruhte Gott.

nach Genesis 1,1 - 2,4

Die Schöpfung

Das Alte Testament beginnt mit der Erschaffung der Welt. Gott erschafft alles, was auf der Welt lebt und wächst.

Findest du heraus,
was Gott erschuf?

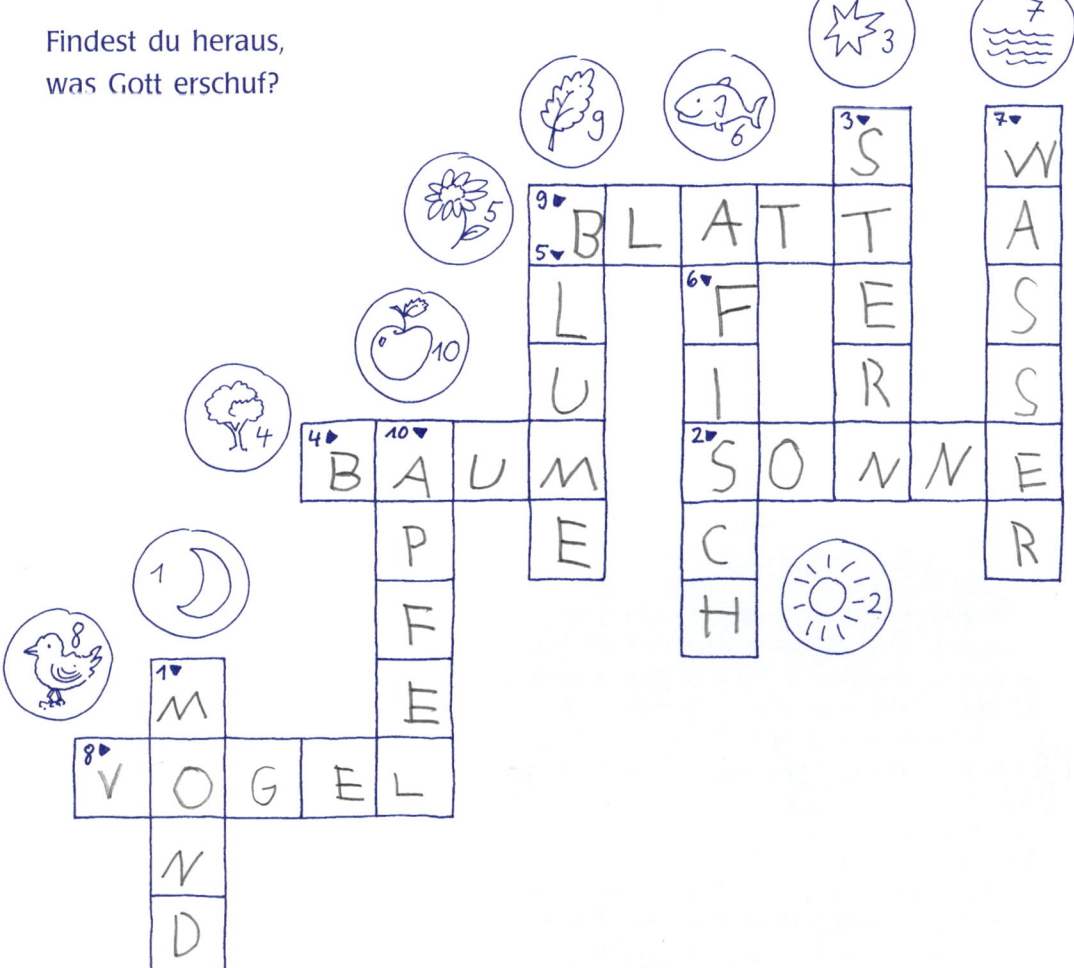

9

Gott erschafft den Menschen

Entdecke, was sich hinter diesem Bilderrätsel verbirgt!

 1 = G, 2 = O | G | O | T | T |

 5 = f | S | C | H | U | F |

 3 = a, 4 = m, 5  | A | D | A | M |

  | U | N | D |

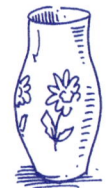 1 = E, 3, 4 | E | V | A |

Im Paradies

Adam und Eva waren im Paradies sehr glücklich.
Von allen Früchten des Gartens durften sie essen,
nur vom Baum des Lebens nicht. Eines Tages jedoch
tauchte ein Verführer auf, der sie überreden wollte,
Gottes Gebot zu missachten.

Wenn du wissen willst, wo sich
dieser Versucher versteckt,
verbinde die Punkte zu
einer Linie.

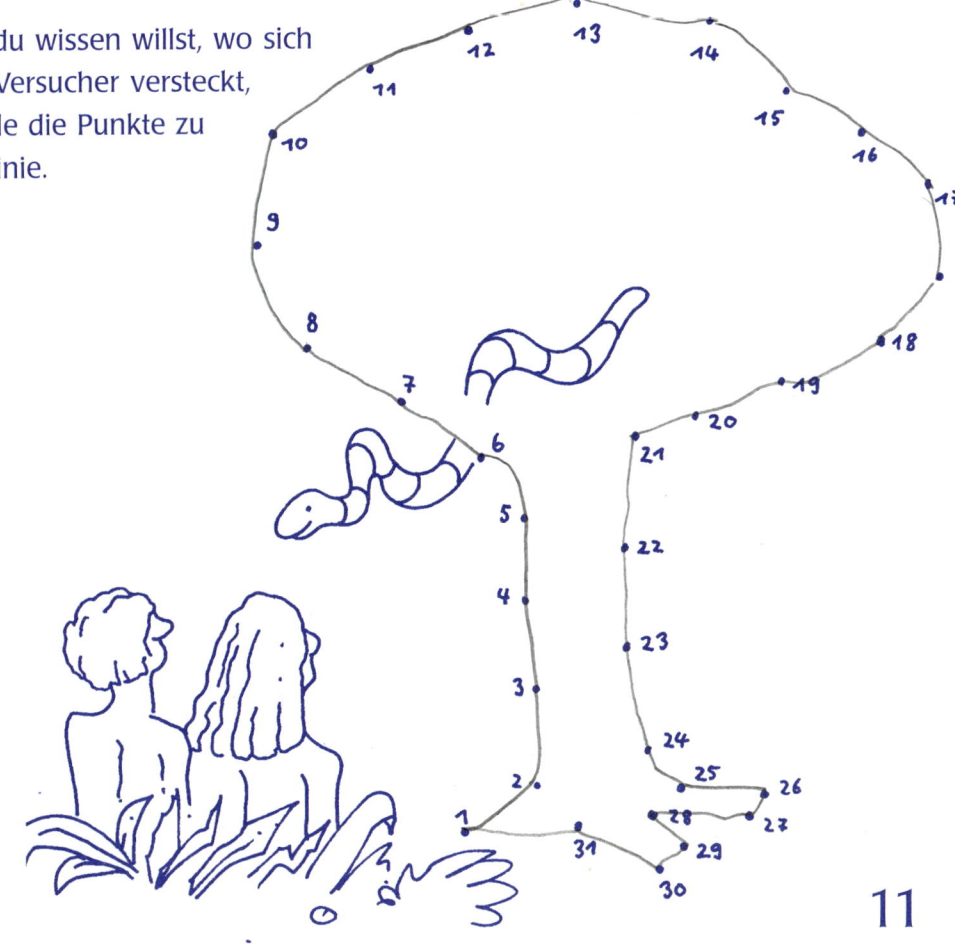

11

Die Arche Noah

Die Menschen auf der Welt waren nicht mehr so gut, wie Gott sie erschaffen hatte. Sie waren böse zueinander, neidisch und voller Hass. Nur Noah war ein guter Mensch. Da sprach Gott zu Noah: „Bau dir und deiner Familie eine Arche, denn ich will eine große Flut auf die Erde senden, die alles vernichten wird." Noah baute ein großes Schiff und nahm seine Familie und ein Paar aller Tiere der Welt mit in die Arche. Dann regnete es 40 Tage und Nächte lang. Alles kam in der Flut um; nur die Menschen und Tiere in der Arche blieben am Leben. Nach 40 Tagen sanken die Wasser und Noah und alle in der Arche stiegen aus. Sie dankten Gott für ihre Rettung. Gott setzte einen Regenbogen in den Himmel und versprach: „Ich werde nie mehr eine solche Flut senden."

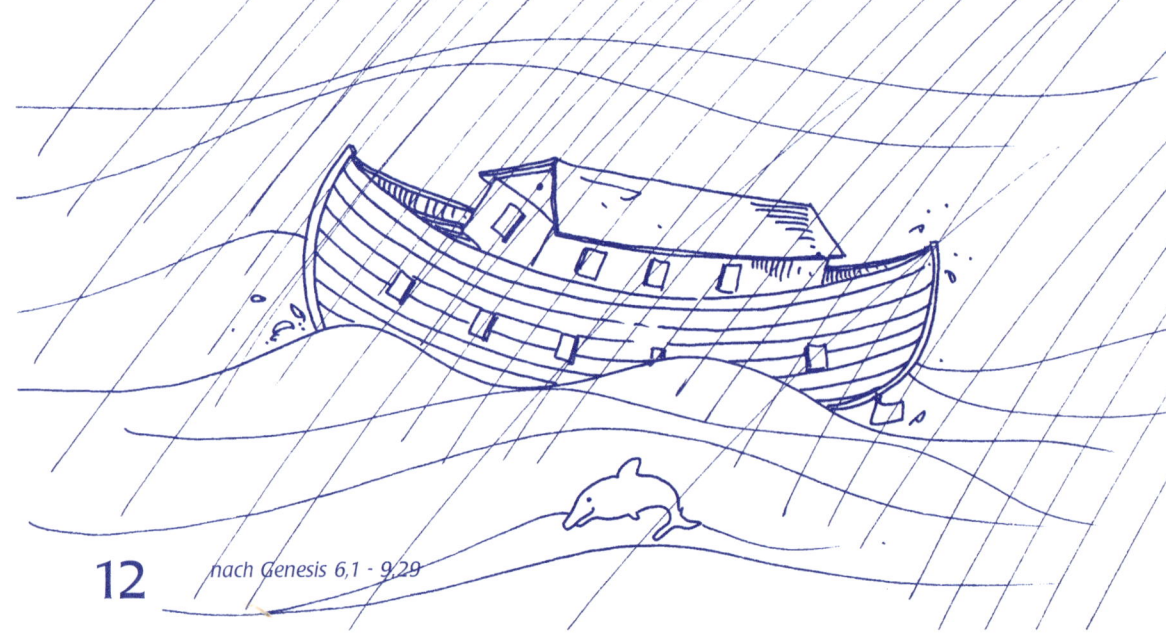

nach Genesis 6,1 - 9,29

In der Arche

Noah steht jeden Morgen auf und schaut, ob es allen
Tieren auf der Arche gut geht. Doch heute scheint etwas
nicht zu stimmen.

Finde die 10 versteckten Fehler in diesem Bild!

Futter für die Tiere

Noah hat ziemlich viel zu tun. Jeden Tag muss er seine
Tiere füttern. Und jedes Tier frisst nur das, was es auch
wirklich mag.

Hilf Noah, das passende Futter
für jedes Tier zu finden.

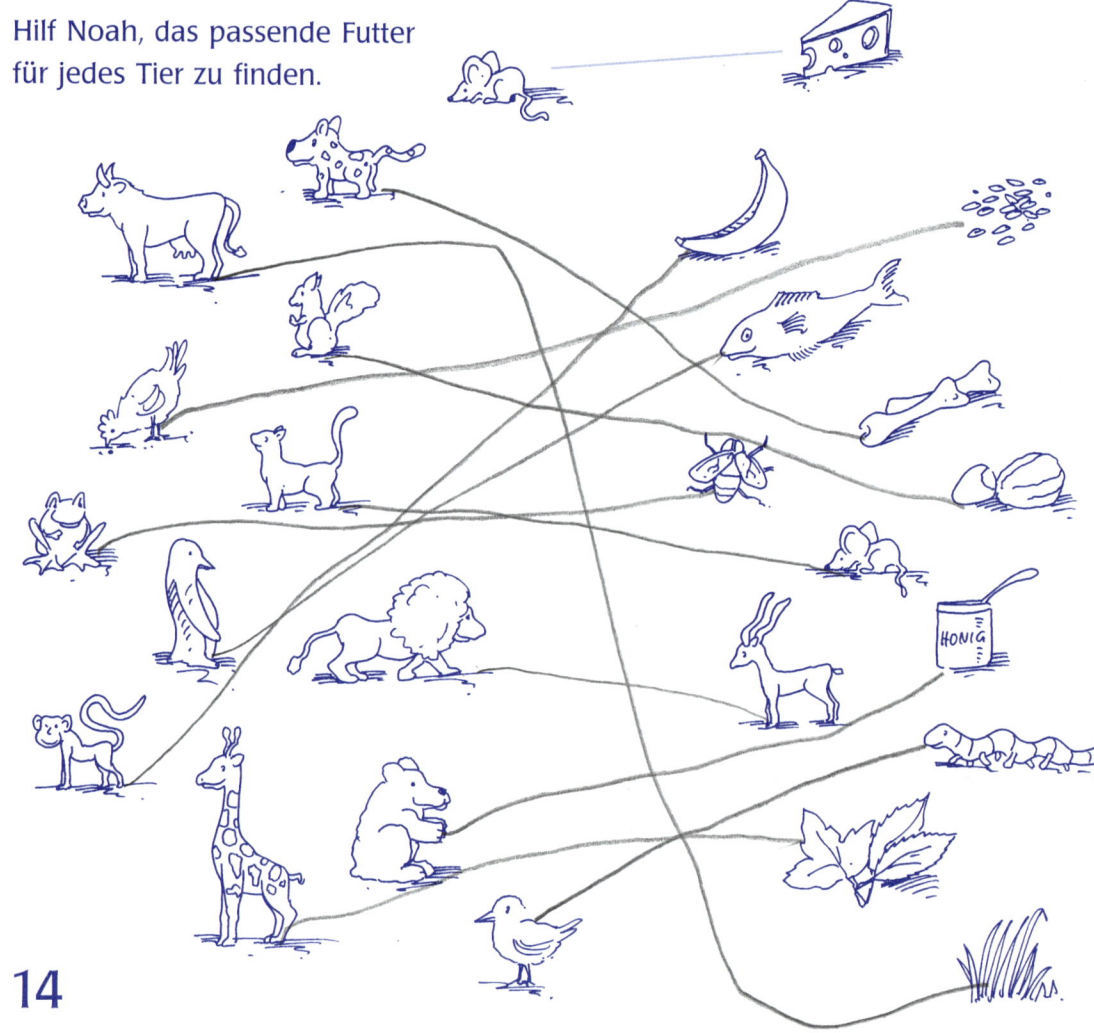

Bund mit Gott

Nach der Flut schloss Gott mit Noah und allen Lebewesen
einen Bund. Er versprach immer bei ihnen zu bleiben und für sie zu
sorgen. Das Lösungswort nennt das Zeichen dieses Bundes.

Finde die einzelnen Tiere in dem Buchstaben-Salat und trage
die markierten Buchstaben in das Lösungswort ein.

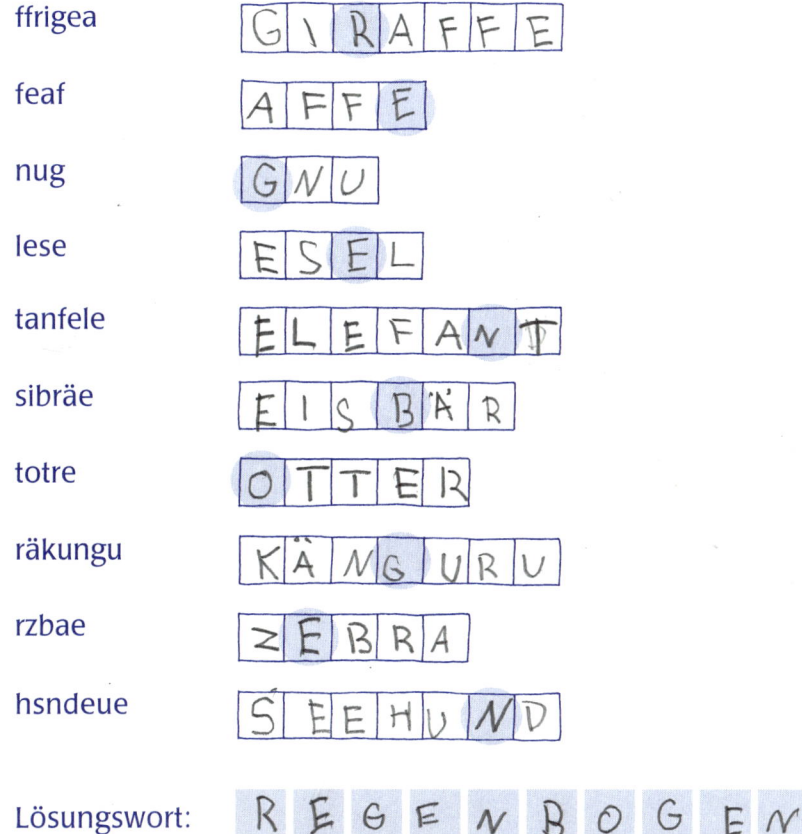

ffrigea	G	I	R	A	F	F	E
feaf	A	F	F	E			
nug	G	N	U				
lese	E	S	E	L			
tanfele	E	L	E	F	A	N	T
sibräe	E	I	S	B	Ä	R	
totre	O	T	T	E	R		
räkungu	K	Ä	N	G	U	R	U
rzbae	Z	E	B	R	A		
hsndeue	S	E	E	H	U	N	D

Lösungswort: R E G E N B O G E N

Unterwegs mit Abraham

Eines Tages sprach Gott zu Abraham: „Nimm deine Frau Sara und alles, was du hast, und zieh in das Land, das ich dir zeigen werde." Da zog Abraham aus Ur in Chaldäa fort in das Land Kanaan. Abraham und Sara waren schon sehr alt, aber sie hatten keine Kinder. Darüber waren sie sehr traurig. Gott schloss mit Abraham einen Bund und sagte: „Du wirst einen Sohn bekommen, der für dich und alle Menschen zum Segen wird." Abraham vertraute Gott. Und tatsächlich gebar Sara einen Sohn. Sie nannten ihn Isaak, das heißt: Gott ließ mich lachen.

nach Genesis 12 - 21

Mit Gott auf dem Weg

Abraham hat einen langen und beschwerlichen Weg
vor sich. Hoffentlich verirrt er sich nicht in der Steppe.
Hilf Abraham seinen Weg nach Kanaan zu finden

Besuch bei Abraham und Sara

Eines Tages kamen drei Männer zu Abraham und Sara.
Abraham lud sie zum Essen ein.

Finde waagerecht lesend die Antworten auf die Fragen.

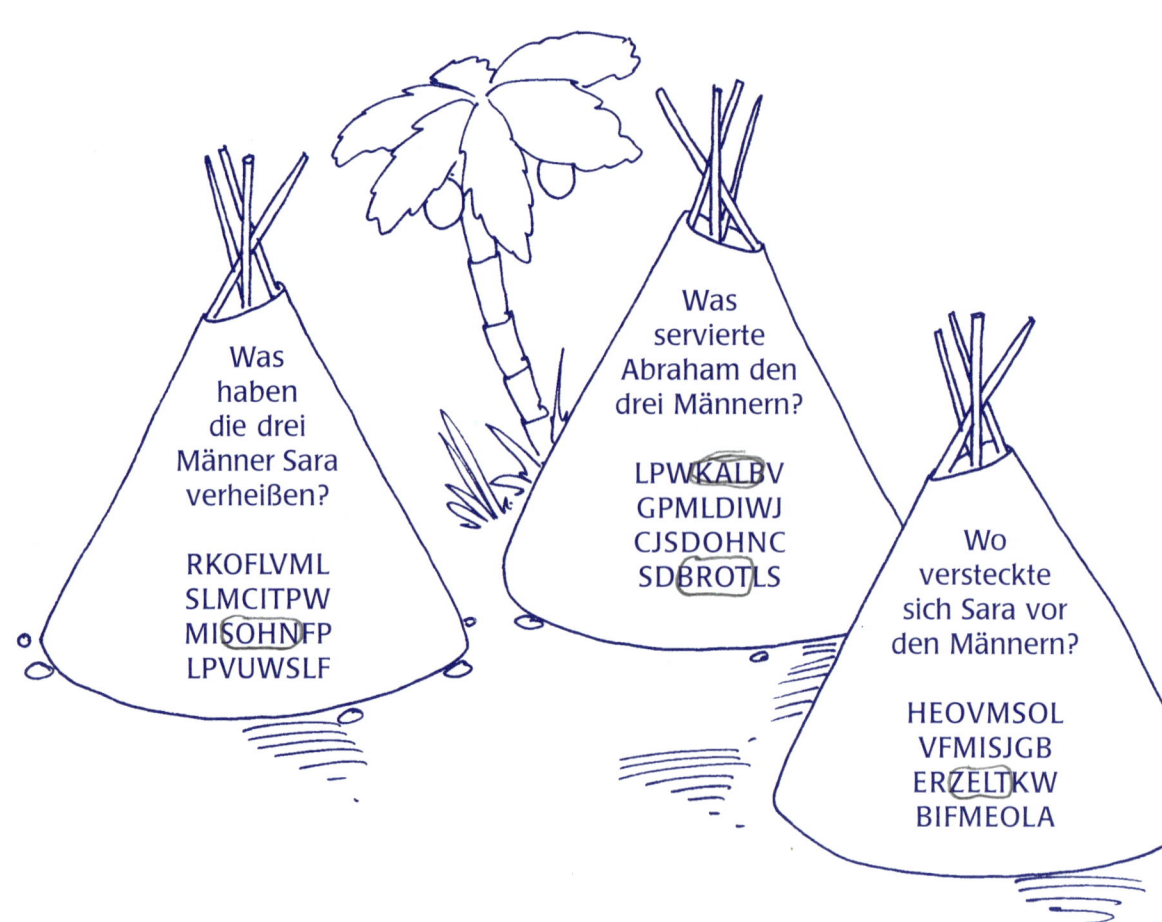

Was haben die drei Männer Sara verheißen?

RKOFLVML
SLMCITPW
MISOHNFP
LPVUWSLF

Was servierte Abraham den drei Männern?

LPWKALBV
GPMLDIWJ
CJSDOHNC
SDBROTLS

Wo versteckte sich Sara vor den Männern?

HEOVMSOL
VFMISJGB
ERZELTKW
BIFMEOLA

Die Opferung Isaaks

Gott sprach zu Abraham: „Nimm deinen Sohn und bring ihn
mir als Opfer dar." Da nahm Abraham seinen Sohn Isaak, den
er sehr liebte, und ging mit ihm auf einen Berg. Als er seinen
Sohn töten wollte, kam ein Engel, hinderte ihn daran und sagte:
„Jetzt weiß Gott, dass du ihn über alles liebst." Aus Dankbarkeit
opferte Abraham Gott ein Tier. Suche das Opfertier in diesem
Bild und male es aus.

19

Der Stammvater Jakob

Als Isaak groß war, heiratete er die schöne Rebekka.
Sie gebar ihm Zwillinge und nannte sie Jakob und Esau.
Jakob war sehr listig. Er kaufte von Esau das Erstgeburtsrecht und erschlich sich damit den Segen
seines Vaters Isaak. Darauf floh er vor
dem wütenden Esau. Unterwegs hatte
er einen Traum, in dem ihm Gott
erschien und sagte: „Ich bin der Gott
deines Vaters und ich will auch
dein Gott sein. Du sollst nicht mehr
Jakob heißen, sondern Israel und
du sollst der Vater eines großen
Volkes werden."
Jakob heiratete, wurde sehr reich
und hatte 12 Söhne. Nach ihnen
sind die zwölf Stämme Israels
benannt.

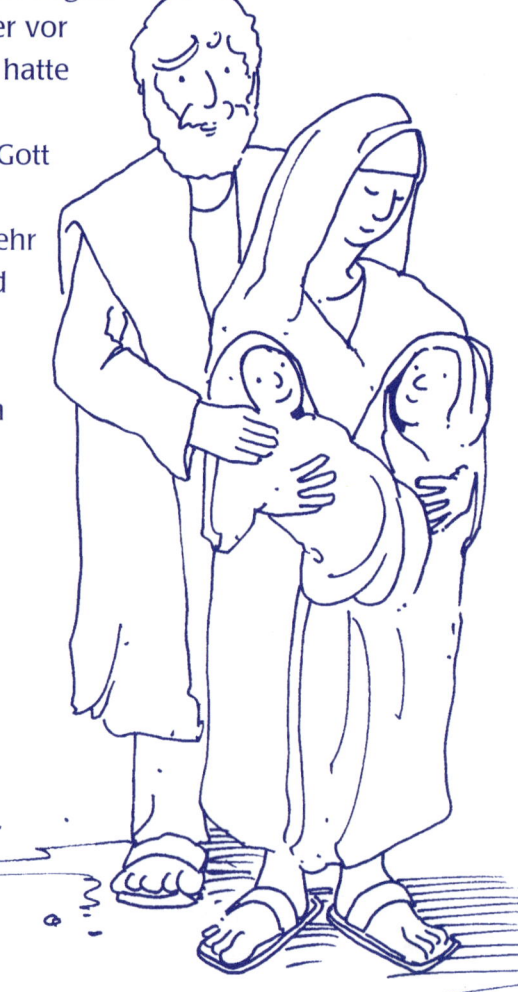

nach Genesis 24 - 36

Jakob und Esau

Eines Tages kam Esau hungrig von der Jagd. Da sagte
Jakob zu ihm: „Ich gebe dir etwas zu essen, wenn du mir
dein Erstgeburtsrecht schenkst."

Für welches Gericht verkaufte Esau es? Schau in den Kochtopf!

L I N S E N G E R I C H T

Rebekka kochte für ihren
Mann ein leckeres Essen.
Sie schlachtete dafür ein
Tier aus ihrer Herde.
Welches war es?

Z I E G E

21

Jakobs Traum

Jakob war auf der Flucht vor E S A U .
$\underset{5a}{} \underset{1d}{} \underset{1a}{} \underset{3d}{}$

Abends wurde er müde und legte sich zum Schlafen auf einen

S T E I N . Dort hatte er einen T R A U M .
$\underset{1d}{} \underset{2d}{} \underset{5a}{} \underset{3b}{} \underset{2c}{}$ $\underset{2d}{} \underset{6c}{} \underset{1a}{} \underset{3d}{} \underset{1c}{}$

Er sah einen E N G E L auf einer Treppe zum
$\underset{5a}{} \underset{2c}{} \underset{1b}{} \underset{5a}{} \underset{6b}{}$

H I M M E L steigen. Dann sprach G O T T
$\underset{2b}{} \underset{3b}{} \underset{1c}{} \underset{1c}{} \underset{5a}{} \underset{6b}{}$ $\underset{1b}{} \underset{3c}{} \underset{2d}{} \underset{2d}{}$

zu Jakob: Du sollst ein S E G E N sein.
$\underset{1d}{} \underset{5a}{} \underset{1b}{} \underset{5a}{} \underset{2c}{}$

Die Buchstaben der fehlenden Wörter kannst du
dem Buchstabengitter entnehmen.
Z.B. findest du das A, wenn du oben 1 und links a verbindest.

	1	2	3	4	5	6
a	A	B	C	D	E	F
b	G	H	I	J	K	L
c	M	N	O	P	Q	R
d	S	T	U	V	W	X
e	Y	Z	Ä	Ö	Ü	

Jakobs Familie

Jakob hatte zwei Frauen. Ordne die Buchstaben mit Hilfe
der Linien richtig an und du entdeckst die Namen der Frauen!

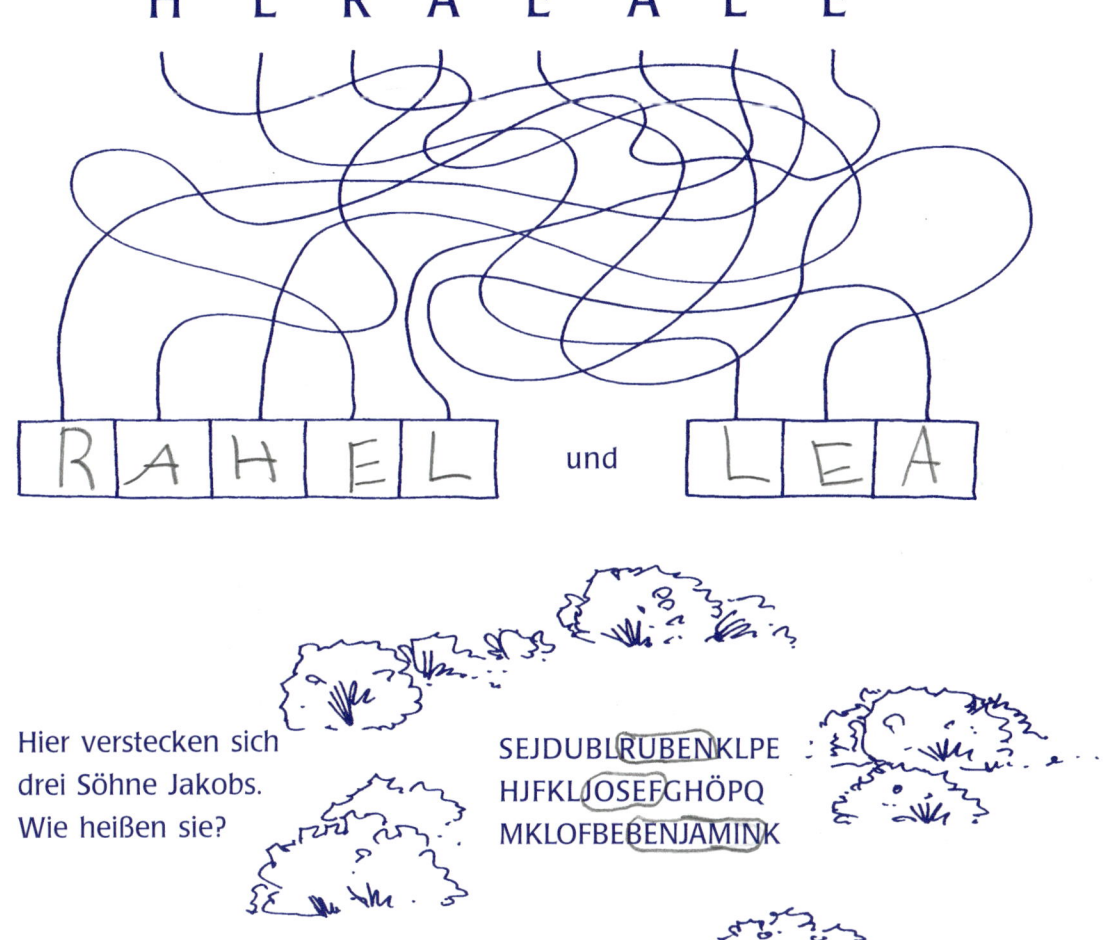

H L R A E A L E

R A H E L und L E A

Hier verstecken sich
drei Söhne Jakobs.
Wie heißen sie?

SEJDUBLRUBENKLPE
HJFKLJOSEFGHÖPQ
MKLOFBEBENJAMINK

23

Josef und seine Brüder

Josef war der Lieblingssohn Jakobs. Deshalb waren seine
Brüder neidisch auf ihn. Eines Tages schickte Jakob den
Josef zu seinen Brüdern, die Schafe hüteten. Sie sahen
ihn von ferne und beschlossen ihn zu töten. Doch Ruben,
der Älteste, sagte: „Wir wollen ihn in den Brunnen werfen."
Zufällig kam eine Karawane mit ägyptischen Kaufleuten
vorbei. Da verkauften die Brüder Josef. So kam er als Sklave
nach Ägypten. Gott war mit ihm und beschützte ihn. Josef
diente am Hof des Pharao und deutete seine Träume.
Da er sehr klug war, verwaltete er bald ganz Ägypten
und konnte die Menschen vor einer großen
Hungersnot bewahren.

nach Genesis 37 - 47

Jakob und Josef

Einmal träumt Josef: Er und seine Brüder ernteten Getreide.
Da verneigten sich die Ähren seiner Brüder vor seiner Ähre.
Ein anderes Mal träumte Josef: Sonne, Mond und elf Sterne
verneigten sich vor ihm. Josef erzählte seinen Brüdern von diesen
Träumen. Da wurden sie böse auf ihn und sagten: „Du meinst
wohl, du bist besser als wir, so dass wir uns vor dir verneigen."
Ihr Vater Jakob aber liebte Josef und bevorzugte ihn. Deshalb
hassten die Brüder Josef noch mehr.

Was weckte ihren Hass?
Löse das Silbenrätsel!
Starte mit Silbe 1.

3 te
9 Rock
4 bun
1 Ja
11 sef
8 ei
5 kob
6 nen
2 Jo
10 ten
7 schenk

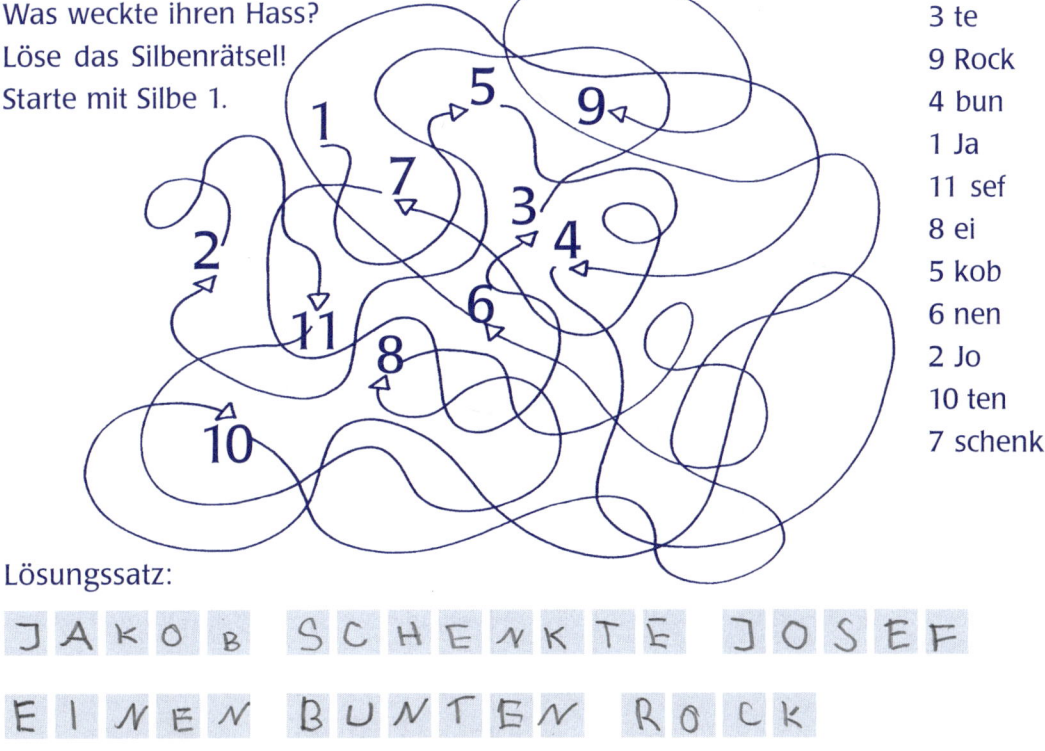

Lösungssatz:

JAKOB SCHENKTE JOSEF
EINEN BUNTEN ROCK

25

Josef im Brunnen

Die Brüder warfen Josef in einen tiefen Brunnen und verkauften ihn später an vorbeiziehende Kaufleute. Dem Vater sagten sie, ein wildes Tier habe Josef getötet. Jakob weinte sehr, als er das hörte.

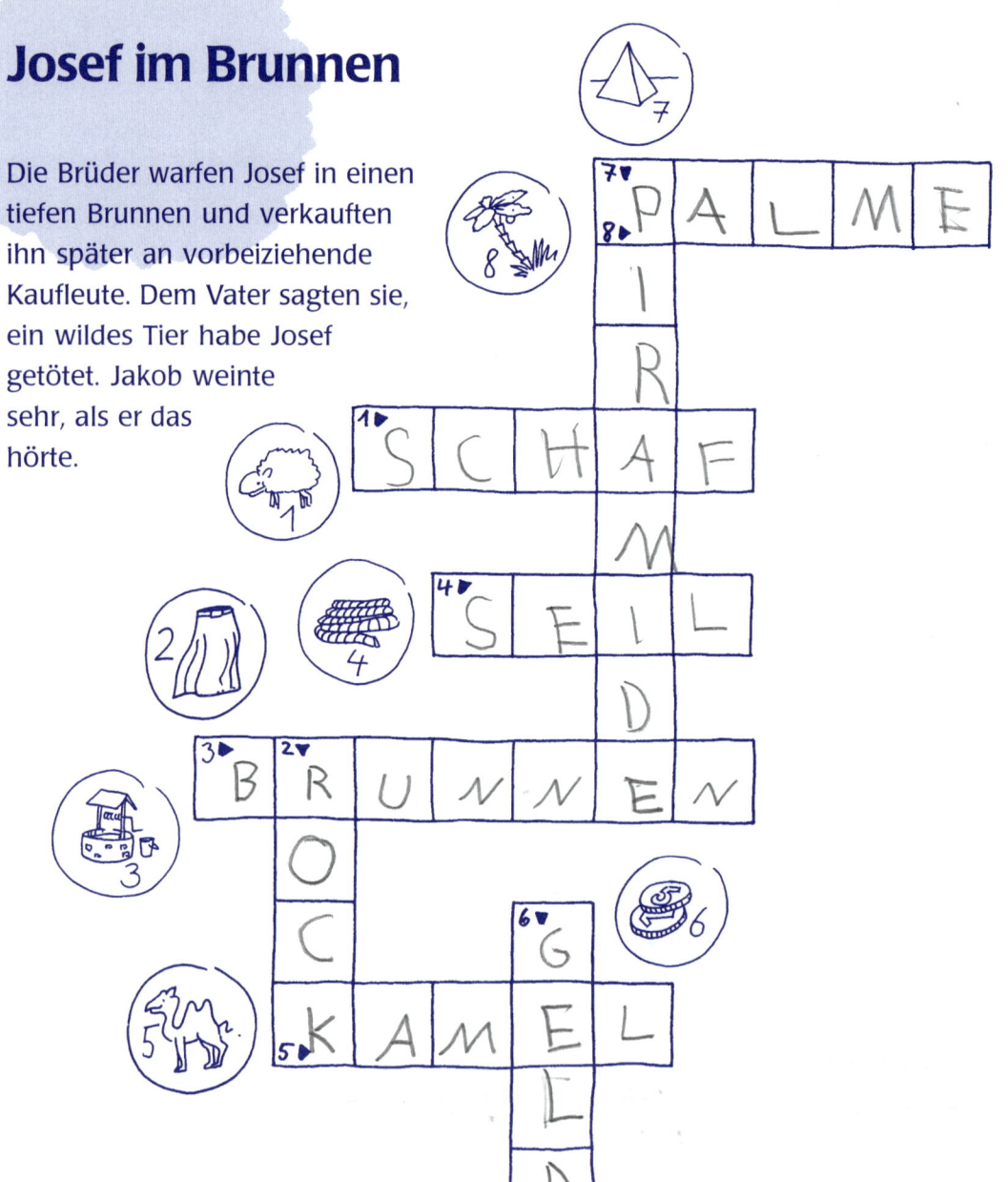

Josef in Ägypten

Josef war zunächst Sklave in Ägypten. Eines Tages träumte
der Pharao: Magere Kühe verschlangen fette Kühe und
magere Ähren verschlangen fette Ähren. Niemand konnte
die Träume deuten - nur Josef. Er erkannte, dass nach Jahren
des Wohlstands eine Zeit des Elends kommen sollte.
Deshalb ließ er große Kornspeicher bauen
und Vorräte sammeln.

Sonnengott der Ägypter

Fluss in Ägypten

Nahrungsmittel, aus dem
man Brot macht

Wer wurde Statthalter in Ägypten

König von Ägypten

rechtlose Arbeiter

jüngster Bruder Josefs

berühmte Bauten
in Ägypten

Zeit des Elends, in
der die Menschen
nicht satt werden

		R	E				
	N	I	L				
	M	E	H	L			
J	O	S	E	F			
P	H	A	R	A	O		
S	K	L	A	V	E	N	
B	E	N	J	A	M	I	N
P	I	R	A	M	I	D	E	N
H	U	N	G	E	R	S	N	O	T

27

Mose, der Retter

Die Israeliten waren Sklaven in Ägypten. Sie mussten hart
arbeiten und litten sehr. Da das Volk der Israeliten groß
wurde, ließ der Pharao alle männlichen Säuglinge töten. Der
kleine Mose konnte gerettet werden: Seine Mutter versteckt
ihn im Schilf des Nil. Dort fand ihn die Tochter des Pharao
und zog ihn auf. Später berief Gott den Mose: Er solle
sein Volk aus Ägypten befreien und in ein Land führen,
in dem sie in Frieden leben konnten. Obwohl Mose
Angst hatte, ging er zum Pharao und sagte:
„Lass unser Volk ziehen!"

nach Exodus 1 · 11

Mose im Schilf

Die Tochter des Pharao ging einmal mit ihren Freundinnen
im Nil baden. Plötzlich hörte sie ein Baby schreien.
Hilf ihr, es im Schilf zu finden.

Mose am Dornbusch

Mose weidete als  die  seines Schwiegervaters

in der Wüste. Da kam er an einen  und sah einen Busch

mit vielen . Der Busch brannte und verbrannte doch nicht.

Plötzlich hörte Mose eine Stimme, die sagte: „Komm nicht näher!

Zieh deine  aus, denn dieser Ort ist heilig."

Da fiel Mose auf die  denn er erkannte,

dass es Gott war, der mit ihm sprach.

Trage den jeweiligen Buchstaben des Bildwortes hier ein: Verbinde die Buchstaben zu einem Satz, dann weißt du, was Gott dem Mose versprach.

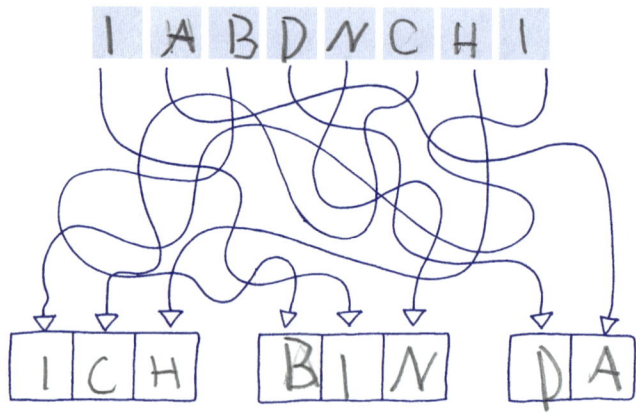

Die Plagen in Ägypten

Der Pharao wollte die Israeliten nicht ziehen lassen.
Darum sandte Gott 10 Plagen, um ihn zu strafen. Hier
sind verschiedene Tiere; sie sind nur halb zu sehen.
Ergänze sie als Spiegelbild und male sie aus.

Welche von diesen Tieren sandte Gott als Plage nach Ägypten?

FLIEGE FROSCH

31

Die Rettung der Israeliten

Gott sandte Mose und seinen Bruder Aaron zum Pharao von Ägypten und ließ ihm sagen: „Lass mein Volk ziehen!" Da nahmen die Israeliten ihre Schafe und Ziegen und alles, was sie hatten, und zogen fort. Sie wanderten durch die Steppe bis zum Schilfmeer. Plötzlich merkten sie, dass die Ägypter sie mit Reitern und Streitwagen verfolgten. Die Israeliten bekamen Angst und schrien zu Gott. Da sagte Gott zu Mose: „Streck deinen Stab über das Schilfmeer, damit sich das Wasser teilt und ihr hindurchziehen könnt!" So geschah es: Die Israeliten zogen trockenen Fußes durchs Meer, während die Ägypter darin ertranken. Dann führte Gott die Israeliten viele Jahre lang durch die Wüste. Er gab ihnen zu essen und zu trinken und sorgte für sie. Schließlich erreichten die Israeliten das Gelobte Land, das Gott ihnen verheißen hatte.

32   *nach Exodus 12 · 18*

Der Auszug

Die Israeliten haben einen langen Weg bis zum Gelobten Land vor sich?
Nimm einen Würfel, folge dem Weg der Israeliten, beantworte die Fragen und
gelange so zum Ziel.

Wie hieß der Bruder des Mose? (5 Buchstaben)

Du murrst! 2 Schritte zurück!

Wie lange mussten die Israeliten in der Wüste bleiben? 2, 40, 100 Jahre?

In Ägypten war es schöner? 5 Schritte zurück!

Mose schickt dich als Späher voraus! 2 Schritte vor!

Gott gab dem Mose die zehn ...? (6 Buchstaben)

Wie nennt man das Schilfmeer noch? (..... -Meer)

Du hältst dich an die Worte Gottes! 3 Schritte vor!

Die Israeliten in der Wüste

Gott sorgte für sein Volk in der Wüste.
Er gab ihnen zu essen und zu trinken.

Was aßen die Israeliten?

Die Zehn Gebote

Am Berg Sinai gab Gott den Israeliten die 10 Gebote.
Diese sollten ihnen helfen in Frieden miteinander vor Gott
zu leben. Wenn du den Anfangsbuchstaben entdeckst,
erkennst du in diesem Bandwurm eines der Gebote.

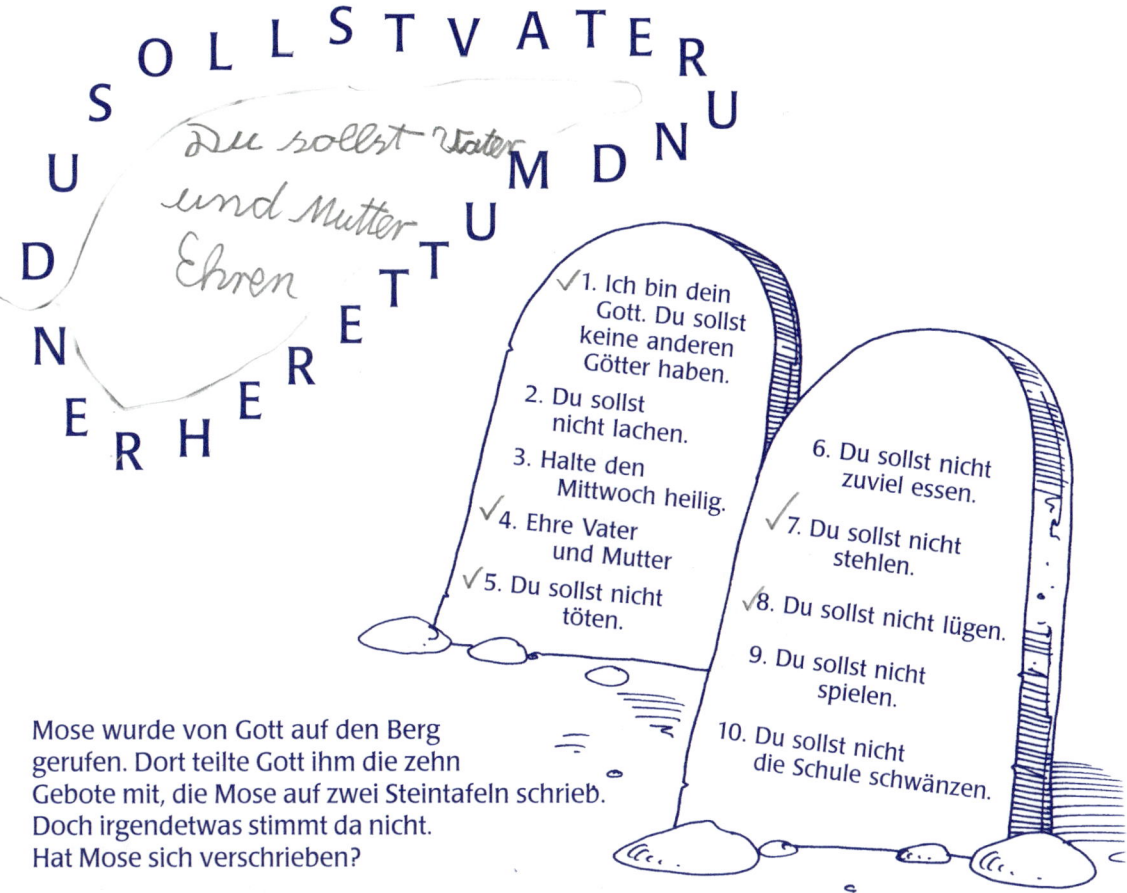

S O L L S T V A T E R
U S M D N U
U T U
D E T
N R H E
E R H

Du sollst Vater und Mutter Ehren

1. Ich bin dein Gott. Du sollst keine anderen Götter haben. ✓
2. Du sollst nicht lachen.
3. Halte den Mittwoch heilig.
4. Ehre Vater und Mutter ✓
5. Du sollst nicht töten. ✓
6. Du sollst nicht zuviel essen.
7. Du sollst nicht stehlen. ✓
8. Du sollst nicht lügen. ✓
9. Du sollst nicht spielen.
10. Du sollst nicht die Schule schwänzen.

Mose wurde von Gott auf den Berg
gerufen. Dort teilte Gott ihm die zehn
Gebote mit, die Mose auf zwei Steintafeln schrieb.
Doch irgendetwas stimmt da nicht.
Hat Mose sich verschrieben?

Finde die richtigen biblischen Gebote heraus.

35

Im Gelobten Land

Nach einer langen Wanderung durch die Wüste zogen die Israeliten ins Land Kanaan. Josua, der Nachfolger des Mose, führte sie über den Jordan. Die Israeliten eroberten Jericho, indem sie mit Trompetenschall die Stadtmauern einstürzen ließen. Dann ließen sie sich im Land nieder, bebauten die Äcker und züchteten Vieh. Doch immer wieder drangen Feinde ins Land ein, plünderten es aus und töteten die Bewohner. Gott berief tapfere Männer und Frauen, die mit den Israeliten in den Kampf gegen die Angreifer zogen und das Volk retteten. Man nannte sie „Richter".
Die Prophetin Debora ist eine Richterin, die das Volk vor einem mächtigen König rettete. Der bekannteste Held Israels ist Simson.

nach Richter 4 - 5; 13 - 16

Der starke Simson

1. Simson war ein

a. Politiker
✓b. Held in Israel
c. Pharao in Ägypten

2. Er verliebte sich

✓a. in die schöne Delila
b. in seine böse Stiefmutter
c. in die Königin von Kanaan

3. Er war so stark, dass er

a. einen Wal am Schwanz aus dem Meer ziehen konnte
b. ein Kamel in die Luft stemmen konnte
✓c. einen Löwen mit bloßen Händen töten konnte

4. Seine unglaubliche Kraft lag

✓a. in seinen Haaren
b. in seinen Muskeln
c. an seinen Waffen

5. Er rettete sein Volk

a. vor wildgewordenen Affen
✓b. vor den Philistern
c. vor Raubrittern

6. Seine letzte Tat war:

a. er sang eine Arie im Tempel der Feinde
b. er brachte den Tempel der Feinde zum Einsturz
c. er wurde Soldat bei der feindlichen Armee

37

König David

Das Volk Israel wollte einen König haben, wie andere
Völker auch. Gott gab ihnen Saul zum König. Er herrschte
lange Zeit in Israel, doch dann wurde er Gott untreu und
David wurde zum neuen König erwählt. David war
der größte und beliebteste König in Israel. Unter
ihm wuchs das Volk und wurde wohlhabend.
David machte Jerusalem, die Stadt auf
dem Berg, zur Königsstadt. Er gilt
auch als Dichter vieler Psalmen
der Bibel. Doch auch er war nur
ein Mensch und machte Fehler.
Deshalb musste der Prophet Natan
ihn oftmals an die Gebote Gottes
erinnern. Aus der Abstammungs-
linie Davids erwarten die Juden
noch heute den Retter der
Menschen, den Messias.

nach den Samuelbüchern

David als Schafhirte

Als Junge hütete David die Schafe seines Vaters Isai.
Er hatte immer einen Stock und eine Steinschleuder bei
sich, um sie vor wilden Tieren zu beschützen. Davids
Vater besaß viele verschiedene Tiere, nur zwei Schafe
auf diesem Bild sehen sich zum Verwechseln ähnlich.

Findest du sie?

David und Goliat

Einmal führte König Saul Krieg gegen die Philister.
Beide Heere standen sich in einem Tal
gegenüber. Da trat Goliat, ein riesiger Philister,
hervor und forderte die Israeliten zum
Zweikampf auf. Alle Soldaten schlotterten
vor Angst, nur David wagte den Kampf
und gewann.
In diesen Zweikampf zwischen dem kleinen
David und dem großen Goliat haben sich
8 Fehler eingeschlichen. Finde sie!

David wird König

Eines Tages ging der Prophet S A M U E L

nach Betlehem zu Isai. Dieser hatte nämlich S I E B E N

Söhne. Einer von ihnen sollte K Ö N I G von Israel werden.

Da rief Isai seine sechs Söhne zusammen, doch keinen von ihnen wollte

der Prophet salben. „Keinen von diesen hat G O T T auserwählt.

Hast du nicht noch mehr Söhne?" fragte der Prophet. Isai antwortete:

„Der Jüngste fehlt noch, er hütet gerade die S C H A F E ."

Samuel ließ ihn holen und salbte ihn mit Ö L . Dann kam

David an den Königshof. Dort spielte er die H A R F E für

König Saul. Er war außerdem ein tapferer K R I E G E R

und besiegte viele Feinde.

41

König Salomo

Salomo war der Sohn Davids und seiner Frau Batseba. Später wurde er König von Israel wie sein Vater. Bei seinem Amtsantritt betete er zu Gott: Er wünschte sich nicht Geld und Macht, sondern bat um Weisheit, damit er sein Volk gut und gerecht regieren könne. Gott erfüllte ihm diese Bitte und gab ihm alles andere noch dazu. Salomos Weisheit war so bekannt, dass sogar die Königin von Saba nach Jerusalem kam, um die Stadt und ihren König zu sehen. Salomo baute für Gott einen prächtigen Tempel in Jerusalem. Er baute noch viele andere Paläste und Häuser, so dass Jerusalem sehr reich und berühmt wurde.

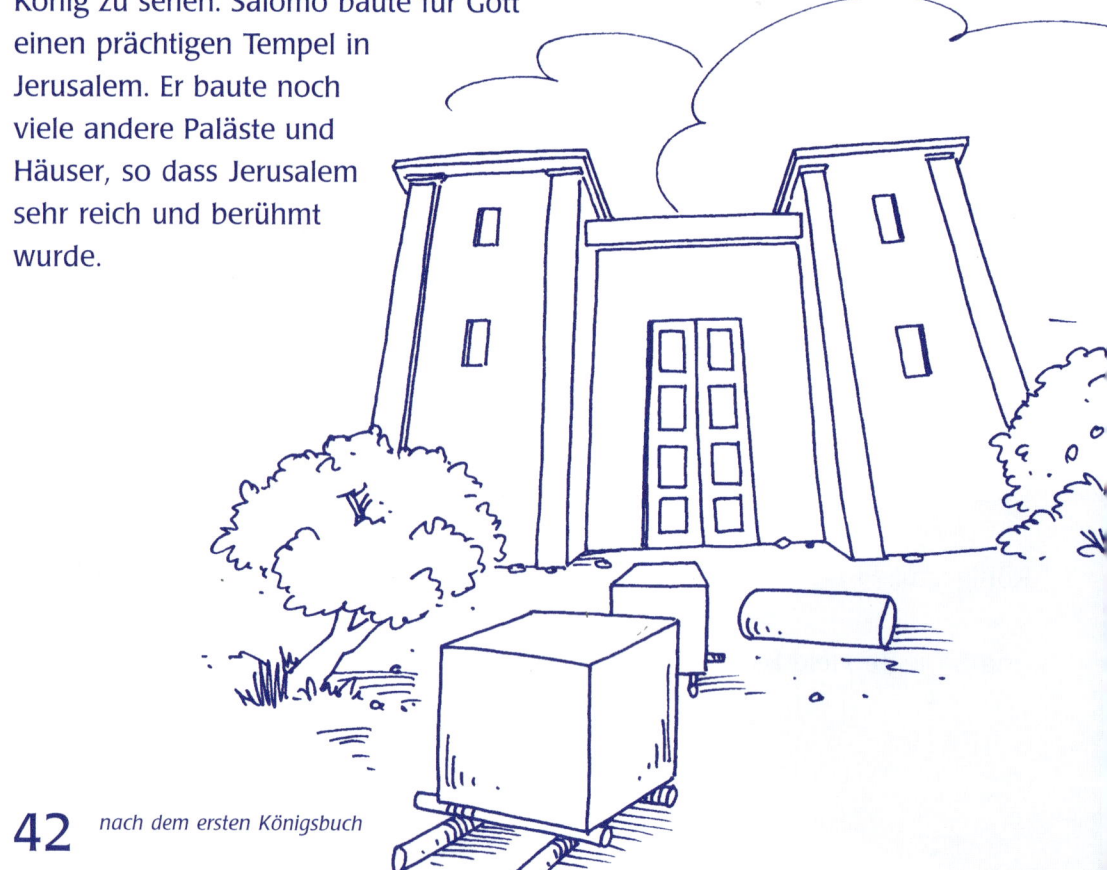

42 *nach dem ersten Königsbuch*

Der weise Salomo

Eines Tages kamen zwei **F R A U E N**
6a 6c 1a 3d 5a 2c

zu König Salomo. Beide hatten ein **B A B Y** . Doch eines
2a 1a 2a 1e

war in der **N A C H T** gestorben. Jetzt stritten sie sich
2c 1a 3a 2b 2d

darum, wem das lebendige Kind gehöre.

Da sagte Salomo zu einem **S O L D A T E N** :
1d 3c 6b 4a 1a 2d 5a 2c

„Nimm ein **S C H W E R T** und teile das Kind!
1d 3a 2b 5d 5a 6c 2d

Jede soll eine **H A L F T E** bekommen."
2b 3e 6b 6a 2d 5a

Die eine Frau stimmte dem König zu, doch die andere schrie:

„Zerteile es nicht! Gib der anderen das Kind." Da sagte der König zu ihr:

„Es ist dein Kind, denn du hast es **L I E B** ."
6b 3b 5a 2a

	1	2	3	4	5	6
a	A	B	C	D	E	F
b	G	H	I	J	K	L
c	M	N	O	P	Q	R
d	S	T	U	V	W	X
e	Y	Z	Ä	Ö	Ü	

43

Jona und der Wal

Gott sah, dass die Menschen in Ninive böse waren. Da sandte er den Propheten Jona in die Stadt. Er sollte dort die Menschen zum Guten bekehren. Doch Jona floh vor Gott. Er versteckte sich auf einem Schiff, das nach Tarschisch segelte. Da kam ein fürchterlicher Sturm auf. Der Himmel verfinsterte sich und die Wolken schlugen hoch. Die Matrosen bekamen schreckliche Angst. Da sagte Jona zu ihnen: „Ich bin Schuld. Werft mich ins Wasser!" Die Matrosen warfen Jona über Bord und der Sturm ließ nach. Jona sank ins tiefe Wasser und wurde von einem großen Wal verschlungen. Im Bauch des Wales betete Jona zu Gott. Gott erhörte ihn und der Fisch spie ihn an Land. Darauf ging Jona nach Ninive und rief die Menschen zur Umkehr auf.

nach dem Buch Jona

Jona auf hoher See

Verbinde die Punkte   und entdecke, was
Jona im Meer sieht!

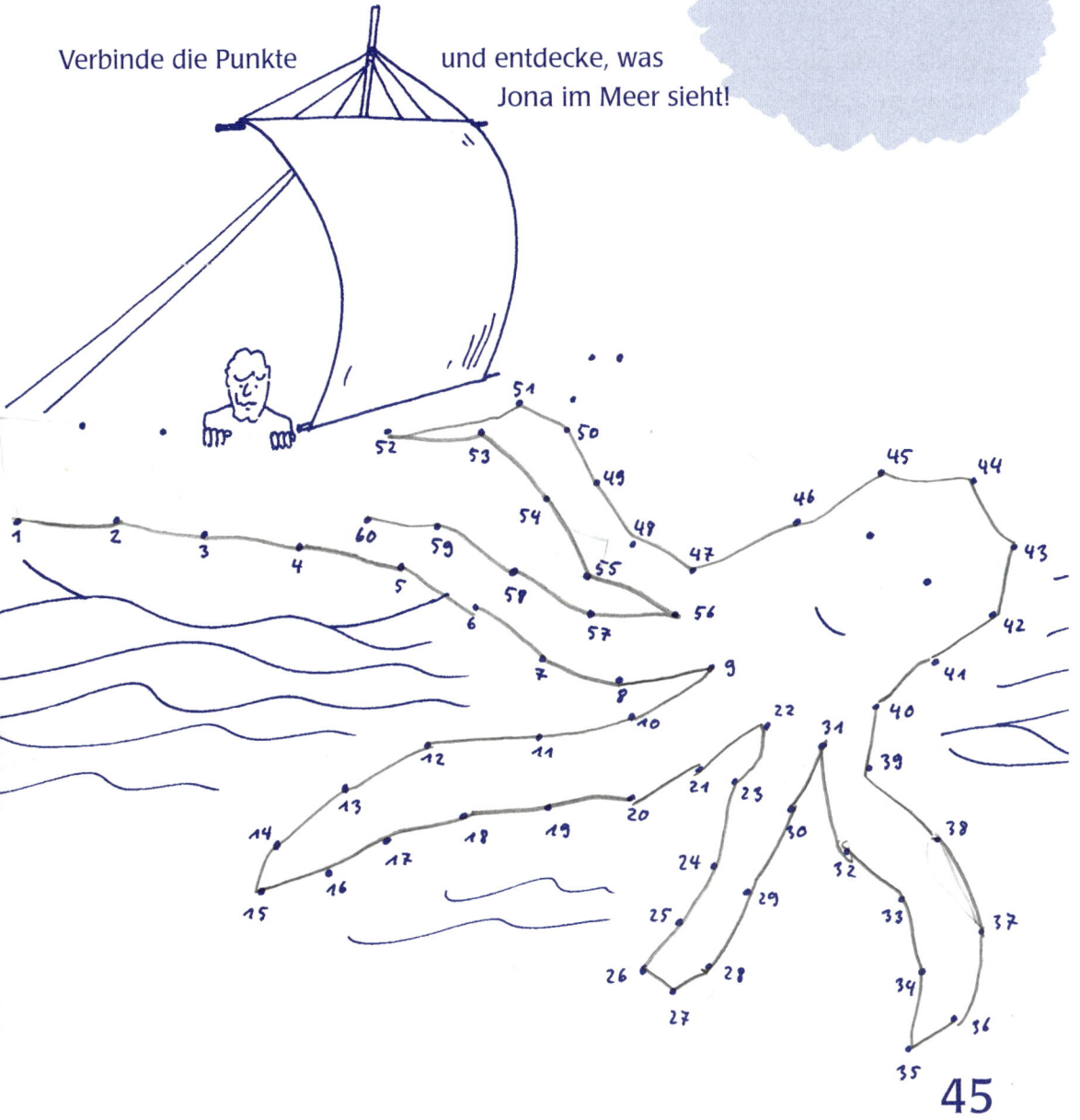

45

Jona im Bauch des Fisches

Da sitzt Jona nun im Dunkel des Fischbauches und hat nur ein Buchstabenmeer vor sich. Markiere die Wörter aus der Jonageschichte!

```
DKRJONAHF
DEUVSCHIFFRTKD
DUEJSWBSEELEUTEWJSO
DNSTURMFKROJCNENDUWJSL
HDKSIEÖSANGSTKOWKVMBNFUJ
CMVKFJGITJGMBETENKDCVOSKDJF
FZOMKHFMEERGXPÜÄDJKLÖUZTZJDUDJDUD
WODKSMCJWALMCNDJEURZUTJFHVNGU
CMBAUCHEOFKVMGJWIDJSHDRNVKR
CMVKFJTUEWSKDLRETTUNGDPKÖ
CNDJEITRMVNINIVESJDFMCIEN
NUÖUMKEHRHSOCJV
```

46

Jona in Ninive

Jona geht in Ninive umher und predigt den Menschen die
Umkehr. Sie hören auf ihn und bekehren sich zum Guten.
Findest du Jona in der Menschenmenge? Du erkennst ihn an
der Schriftrolle unter dem Arm, dem Flicken an der Mütze
und dem gestreiften Gürtel.

Daniel in Babylon

Das Königreich Israel zerfiel. Fremde Kriegsheere hatten das Land und die Stadt Jerusalem erobert, die Ländereien geplündert und die Menschen verschleppt. Viele Israeliten wurden nach Babylon gebracht, wo sie als Gefangene in der Fremde leben mussten. Einige von ihnen nahmen die Sitten und Bräuche der fremden Völker auf und vergaßen Gott. Doch viele vertrauten weiterhin darauf, dass Gott sie retten und in ihre Heimat zurückführen würde. So auch Daniel. Er war ein Jude am Königshof des Darius. Dieser erließ ein Gesetz, dass man nur noch ihn anbeten dürfe. Doch Daniel betete weiter zu seinem Gott. Zur Strafe ließ der König ihn in eine Grube mit hungrigen Löwen werfen. Gott aber war mit Daniel, so dass die Löwen ihm kein Haar krümmten.

48 *nach Daniel 6,2-29*

Daniel in der Löwengrube

Setze die Silben richtig zusammen und
entdecke die Welt, in der Daniel lebte.

Tiefes Loch im Boden   G R U B E

König der Tiere   L Ö W E

Ruf des Löwen   G E B R Ü L L

Löwen essen nicht, sie ...?   F R E S S E N

Anderes Wort für Königshof   P A L A S T

Volk im Alten Orient   P E R S E R

Diener am Königshof   S K L A W E

Peitsche   R U T E

Falsche Götter   G Ö T Z E N

Ge
be
last sen zen
brüll Lö fres
we Per te
Skla Pa Göt Ru
ser Gru ve

49

Die Propheten

Manchmal vergaßen die Israeliten Gott und seine Gebote.
Dann erinnerten Gottesmänner und Propheten an den Bund
Gottes mit den Menschen, an seine Liebe und Treue. Viele
von ihnen vollbrachten im Namen Gottes Wunder, kümmer-
ten sich um das Volk und berieten die Könige. Der Prophet
Jesaja verkündete dem Volk in der Not eine neue Zeit des
Heils und des Friedens. Der Prophet Jeremia hoffte,
dass Gott seinen Bund in die Herzen der Menschen
schreiben werde. Der Prophet Amos trat besonders
für das Recht der Armen, Waisen und Witwen ein.
Und der Prophet Hosea besang in einem Lied die
Liebe und Fürsorge Gottes. Einer der ersten
Propheten war Elija. Von ihm erzählt
man, dass er nicht gestorben,
sondern in einem feurigen Wagen
in den Himmel aufgefahren sei.
Elischa, sein Schüler, wurde
sein Nachfolger.

nach 1 König 17 - 18
und 2 König 2

Elija und die Witwe

Im Land herrschte eine große Hungersnot. Elija kam nach
einer langen Reise in ein Dorf und bat eine arme Witwe für
ihn Brot zu backen. Obwohl die Witwe nur noch wenig
besaß, gab sie Elija zu essen. Ihr Vertrauen wurde belohnt:
Ihre Töpfe waren stets gefüllt, ihre Vorräte gingen nie zur Neige.

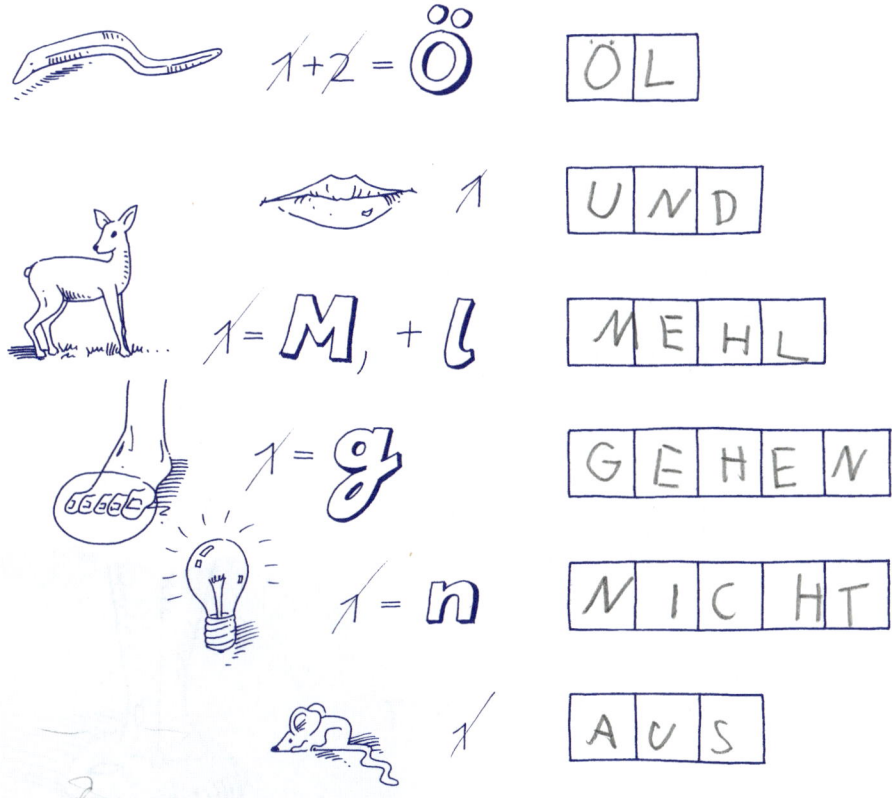

Elija und die Baalspriester

Elija vertraute auf Gott allein. Viele im Land dagegen beteten
den Gott Baal an. Einmal gab es zur Zeit der Dürre einen großen
Wettstreit, welcher Gott ein erlösendes Zeichen geben würde:
der Gott der Israeliten oder Baal. Die Baalspriester schrien
stundenlang zu Baal - doch er erhörte sie nicht. Elija sprach
zu Gott: „Bitte, gib mir ein Zeichen." Und Gott erhörte ihn.

Verschiebe die Buchstabenreihen nach rechts oder links,
dann kannst du senkrecht lesen, welches Zeichen Gott
dem Elija gab.

```
    K A R M E L
      E L I J A
F E U E R S G L U T
  P R I E S T E R
    B E T E N
```

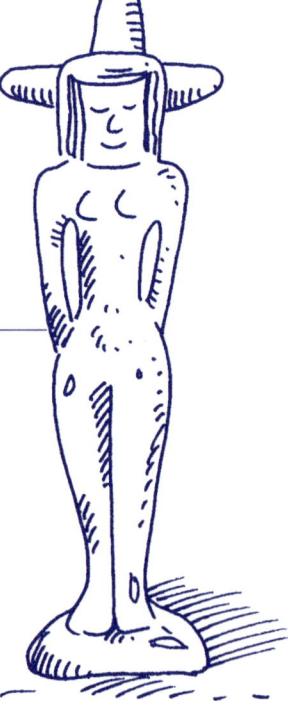

Von wo kam das
Zeichen Gottes?

```
E L I S C H A
W I N D
M E H L
M A N T E L
P R O P H E T
B A A L
```

Die Psalmen

Psalmen sind Lieder, die bei Wallfahrten und im Tempel-Gottesdienst gesungen wurden. In der Bibel sind 150 Psalmen gesammelt.

Ordne den Psalmsprüchen das jeweils richtige Bildwort zu!

1. Mit meinem Gott überspringe ich 3......

2. Der Herr ist mein ..2..

3. Der Herr ist für mich Zuflucht und 3........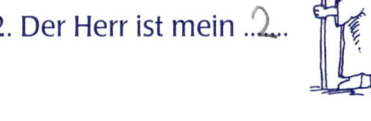

4. Der Herr kennt den ..2.... der Gerechten.

5. Ich will den Herrn preisen, allezeit sei sein Lob in meinem .3...

6. Wie der ..2...

lechzt nach frischem ...3..... ,

so lechzt meine Seele, Gott, nach dir.

53

Die Geburt Jesu

Jesus aus Nazaret trat wie ein Prophet auf. Er verkündete:
„Gott ist mit euch! Er liebt euch wie ein Vater." Viele
glaubten, er sei der verheißene Messias, der das Heil in
die Welt bringen sollte. Das sind die Christen.
Mit Jesu Geburt verhielt es sich so: Eines Tages kam der
Engel Gabriel zu Maria, einer jungen Frau. Er sagte:
„Du wirst einen Sohn bekommen. Er ist ein Geschenk
Gottes an die Menschen." Da erschrak Maria, doch sie
vertraute Gott. Kurz vor der Geburt reisten Maria und
Josef, ihr Mann, nach Betlehem. Kaiser Augustus
hatte befohlen, dass sich jeder in seine
Heimatstadt begeben sollte. In Betlehem
fanden sie keine Herberge; nur
ein Stall war noch frei. Dort
gebar Maria einen Sohn und
nannte ihn Jesus.

nach Lukas 11,26 - 2,20

Der Stammbaum Jesu

Jesus war ein Jude. Seine Vorfahren sind bekannte
Persönlichkeiten des Alten Testaments. Wenn du den Linien
folgst, findest du die wichtigsten Ahnen Jesu.

Jakob + Rahel

Maria + Josef

David + Batseba

Adam + Eva

Isaak + Rebekka

Abraham + Sara

Jesus

55

Die Hirten auf dem Felde

Nachts wachten Hirten auf dem Felde bei ihren Schafen. Plötzlich erstrahlte
der Himmel und eine große Schar von Engeln sang und lobte Gott.
Die Engel sagten zu den Hirten: „Heute ist euch der Heiland geboren.
Ihr findet ihn in einer Krippe im Stall von Betlehem." Da sprangen die
Hirten auf und eilten zu Maria und Josef und dem Jesuskind.
Was die Engel den Hirten verkündeten, erfährst du, wenn du das Bildrätsel löst.

1 = E E H R E 4 S E I

1 = G, 2 = O G O T T

1 U N D

1 = F, 4 = D, 6 F R I E D E

1, 4 = f A U F

1, 2, + en E R D E N

56

Die drei Sterndeuter

Weit weg im Osten sahen drei weise Sterndeuter einen
prächtigen, hellen Stern am Himmel aufgehen. Da wussten sie,
dass etwas Besonderes geschehen war: Der Retter der Welt war
geboren. Sie machten sich auf den Weg, um ihn zu finden.
Folge mit ihnen dem Stern,
der zur Krippe führt:

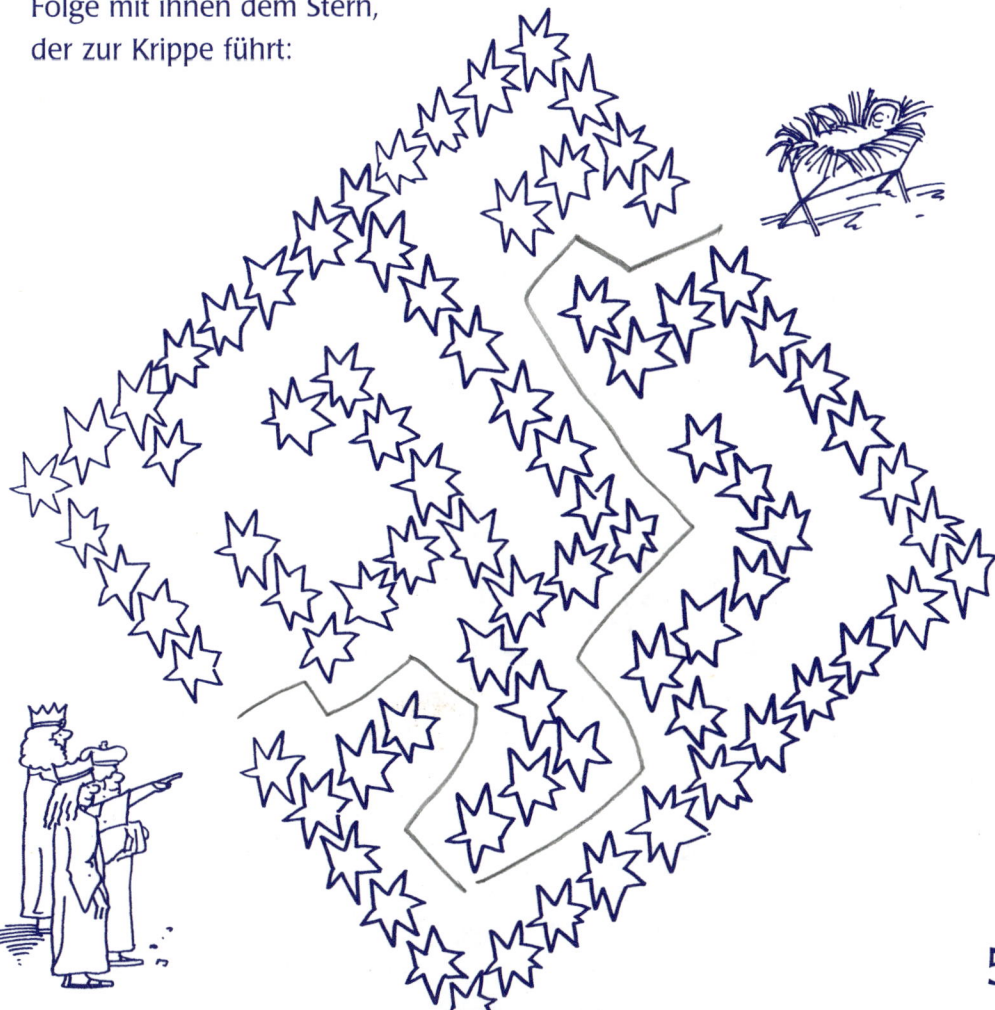

57

Johannes der Täufer

Marias Cousine Elisabet war lange kinderlos. Im hohen Alter
bekam sie einen Sohn: Johannes. Als dieser groß war, lebte er
ganz allein in der Wüste. Er trug einen Mantel aus Kamelhaar und
aß wilden Honig. Johannes sah, dass viele Menschen böse und
gemein waren, und rief sie auf ihr Leben zu ändern. Viele Leute
aus den Dörfern und Städten kamen zu Johannes in die Wüste
hinaus und fragten ihn: „Was sollen wir tun?" Er antwortete ihnen:
„Wer zwei Kleider hat, der gebe eins davon einem Armen.
Wer genug zu essen hat, teile es mit dem
Hungrigen. Niemand soll reich werden auf
Kosten eines Anderen. Niemand soll einem
Anderen weh tun und ihn betrügen.
Niemand soll seine Macht missbrauchen,
um anderen zu schaden." Da bekehrten
sich viele Menschen und ließen
sich taufen.

nach Lukas 3,1-20

Johannes in der Wüste

Über Johannes wird gesagt, was der Prophet Jesaja verheißen hat: „Ich sende meinen Boten vor dir her; er soll den Weg für dich bahnen. Eine Stimme ruft in der Wüste: Bereitet dem Herrn den Weg!" Johannes verkündete deshalb: „Nach mir kommt einer, der größer ist als ich. Ich bin nur sein Bote." Er meinte damit Jesus. Hier siehst du Johannes in der Wüste. Allerdings haben sich 8 Fehler ins Bild eingeschlichen.

Die Taufe Jesu

1. Wer taufte Jesus?

   √a. Johannes
   b. Samuel
   c. Elija

2. In welchem Fluß wurde Jesus getauft?

   a. Moldau
   b. Nil
   √c. Jordan

3. Jesus hörte bei seiner Taufe eine Stimme. Wer sprach zu ihm?

   √a. Gott vom Himmel
   b. eine Engelsschar
   c. der Versucher

4. Was sagte die Stimme zu Jesus?

   a. Das ist mein geliebter Knecht.
   √b. Das ist mein geliebter Sohn.
   c. Das ist mein ungehorsamer Sohn.

5. Welches Tier symbolisiert den Heiligen Geist?

   a. die Schlange
   b. der Adler
   √c. die Taube

6. Welche 3 Dinge gehören heute zu einer Taufe dazu?

   √a. Öl, Kerze, Taufkleid
   b. Öl, Schleier, Ring
   c. Kerze, Beichte, Kommunion

Der Tod des Johannes

Johannes war ein F U R C H T L O S E R
6a 3d 6c 3a 2b 2d 6b 3c 1d 5a 6c

Mann. Er hatte nicht einmal Angst vor dem K Ö N I G .
5b 4e 2c 3b 1b

Johannes warf dem Herrscher vor: „Du unterdrückst das V O L K
4d 3c 6b 5b

und beutest es aus. Du hältst dich nicht an die G E B O T E
1b 5a 2a 3c 2d 5a

Gottes." Viele Menschen hörten die W O R T E des Johannes,
5d 3c 6c 2d 5a

was der Königin H E R O D I A S gar nicht gefiel. Sie
2b 5a 6c 3c 4a 3b 1a 1d

befahl ihren S O L D A T E N Johannes festzunehmen.
1d 3c 6b 4a 1a 2d 5a 2c

Viele Wochen lang saß er im G E F Ä N G N I S .
1b 5a 6a 3e 2c 1b 2c 3b 1d

Eines Tages gab der König ein großes F E S T . Seine Tochter
6a 5a 1d 2d

S A L O M E tanzte so schön, dass der König versprach, ihr
1d 1a 6b 3c 1c 5a

alles zu geben, was sie haben wolle. Auf Zuflüstern

ihrer M U T T E R wünschte sie sich
1c 3d 2d 2d 5a 6c

den K O P F des Johannes.
5b 3c 4c 6a

So wurde Johannes hingerichtet.

	1	2	3	4	5	6
a	A	B	C	D	E	F
b	G	H	I	J	K	L
c	M	N	O	P	Q	R
d	S	T	U	V	W	X
e	Y	Z	Ä	Ö	Ü	

61

Jesus ruft zur Nachfolge

Jesus zog predigend durch das Land. Überall verkündete er: „Das Himmelreich ist nahe!" Viele Menschen wanderten mit ihm, weil sie von ihm begeistert waren. Jesus rief immer wieder Leute auf, ihm zu folgen. Einige verließen ihre Familien und gaben alles auf, was sie besaßen, und gingen mit ihm. Zu den engsten Freunden Jesu gehörten seine zwölf Jünger. Auch viele Frauen sorgten für Jesus und zogen mit ihm umher. Jesus hatte die Kinder besonders lieb. Er kümmerte sich vor allem um die Ausgestoßenen, die Armen und Sünder. Er meinte: „Nicht die Gesunden brauchen einen Arzt, sondern die Kranken."
Viele Leute ärgerten sich, wenn Jesus sich mit Sündern abgab, sie besuchte und mit ihnen aß.

Jesus und die Jünger

Eines Tages ging Jesus zum See Gennesaret. Da sah er am
Ufer Fischer bei ihrer Arbeit. Er rief sie zu sich und sagte:
„Folgt mir nach! Ihr sollt keine Fische mehr fangen, sondern
Menschenfischer sein." Danach berief Jesus noch andere Männer
ihm nachzufolgen. Zu seinem engsten Freundeskreis gehörten
12 Männer, die man die 12 Jünger oder die 12 Apostel nennt.

Setze die Silben richtig zusammen und du weißt,
wie die 12 Jünger Jesu heißen.

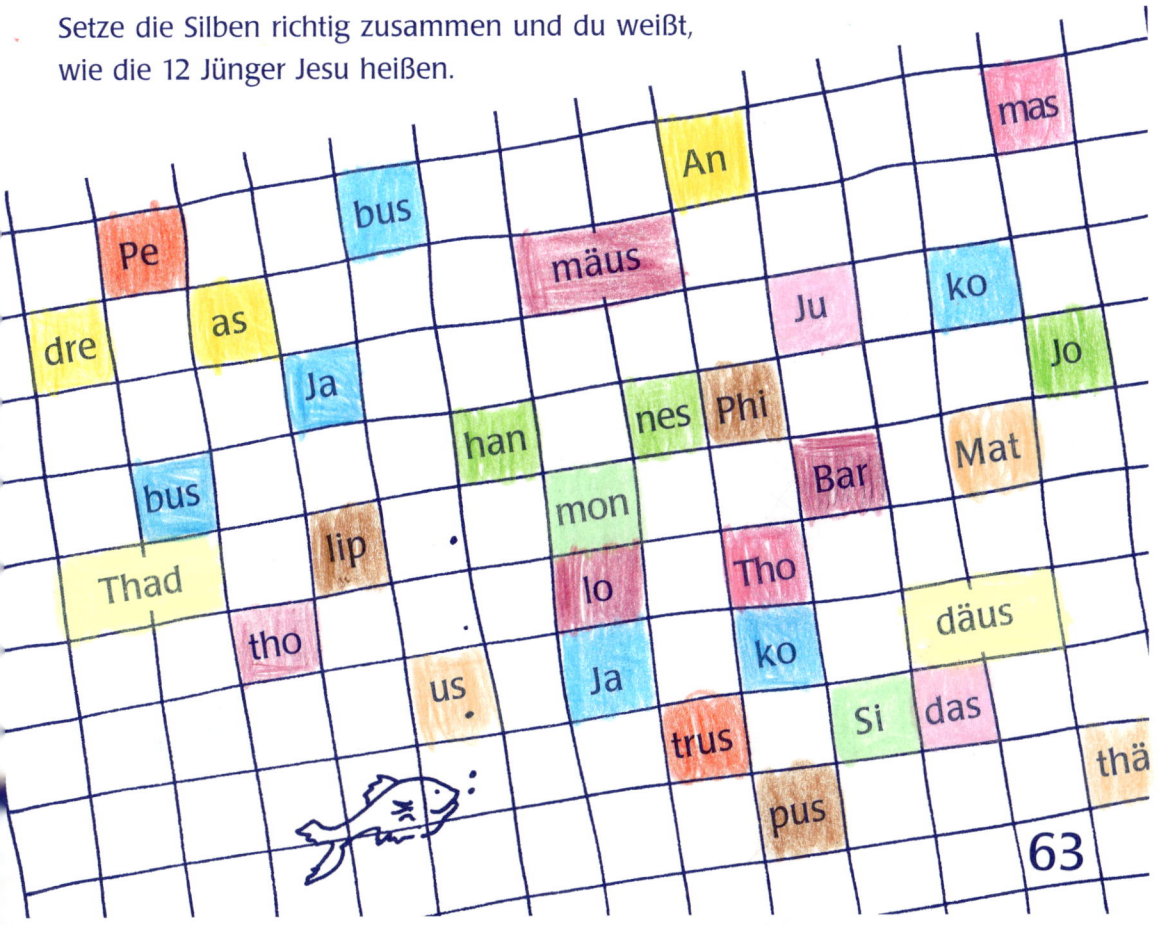

63

Der Mann auf dem Baum

Einmal zog Jesus nach Jericho ein. Viele Menschen strömten herbei, um ihn zu sehen. In der Stadt lebte ein Mann, den keiner mochte, weil alle ihn für einen Betrüger hielten. Auch er wollte Jesus kennen lernen. Da er klein war, kletterte er auf einen Baum und schaute umher. Als Jesus vorüberging, entdeckte er den Mann auf dem Baum und sagte: „Komm herunter! Ich will bei dir essen." Da freute sich der Mann und lud Jesus in sein Haus ein.

Verbinde die Zahlen dieser Geheimschrift miteinander, fange immer wieder bei 1 an, und du erfährst den Namen des kleinen Mannes.

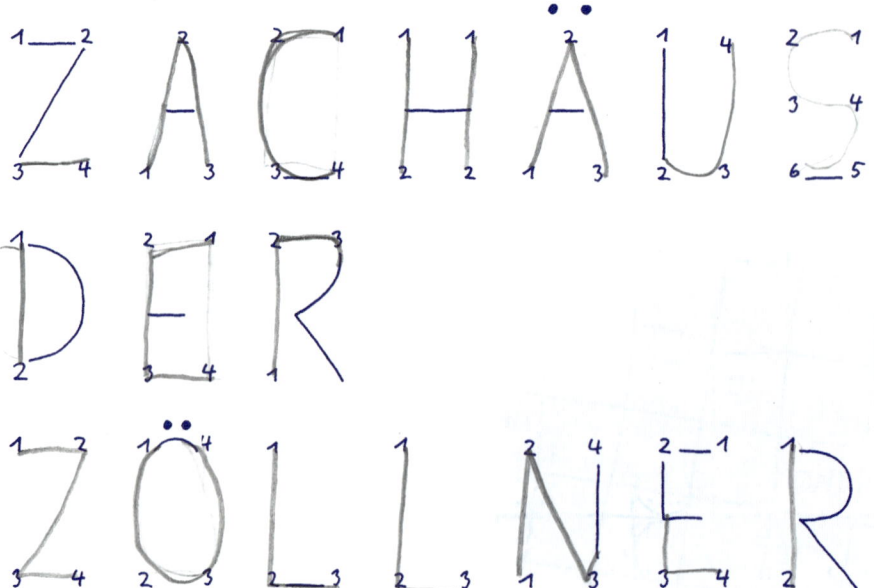

Jesus und der reiche Jüngling

Eines Tages kam ein reicher junger Mann zu Jesus und sagte:
„Was muss ich tun, um ein guter Mensch zu sein?" Jesus
antwortete: „Halte die Gebote Gottes. Liebe Gott und deinen
Nächsten wie dich selbst." „Das tue ich alles", antwortete der
Mann. „Dann verschenke alles, was du hast, und folge mir
nach", sagte Jesus. Da ging der Mann traurig weg, denn er
war sehr reich.

HIMMELREICH

Die Wunder Jesu

Jesus erzählte nicht nur vom Himmelreich, sondern verkündete auch durch wunderbare Zeichen die Nähe Gottes. Blinde konnten wieder sehen, Lahme wieder laufen und Kranke wurden gesund. Die Begegnung mit Jesus ermutigte sie zu einem neuen Leben. Die Menschen spürten: Gott ist mit Jesus. Jesus handelt in der Kraft Gottes. Da glaubten die Menschen: Gott ist auch bei ihnen. Sie erfuhren: Traurige finden Trost, Hungrige werden satt, Unterdrückte werden befreit, Zerstrittene versöhnen sich wieder.

Die Hochzeit von Kana

Einmal war Jesus auf eine Hochzeit eingeladen. Es wurde
viel gegessen und getrunken. Plötzlich waren die Weinfässer leer.
Jesus ließ die Fässer mit Wasser füllen und die Diener schenkten
es aus. Und alle tranken davon und sagten: „Was für ein
köstlicher Wein!"

Findest du heraus, wieviel Weinflaschen die Gäste
leer getrunken haben?

Jesus heilt einen Gelähmten

Einmal sprach Jesus in einem Haus zu den Menschen. Da brachten Männer einen Gelähmten auf einer Trage. Sie wollten ihn zu Jesus bringen. Doch sie konnten wegen der großen Menschenmenge nicht in das Haus hinein. Da stiegen sie aufs Dach, deckten die Ziegel ab und ließen den Gelähmten an Seilen zu Jesus hinunter.

Lies auf dem Buchstabengewirr des Daches die Worte, die Jesus zu dem Gelähmten sprach.

VNFUSÄVSTEHNBIDKS
VJFUTÜAUFMCUWKVQ
CUDMKLPSOFMFUNDW
VMFKCUFJGEHCMVJFI
JCMDEINÖPDMCJDKDIEJF
DKDJEIVMFHGLAUBEÖP
CMHATLODJFHTZUKCH
CJDMKFUEJDZDIRKBMFH
VJFMVKGGEHOLFENPOW

STEH AUF UND GEH! DEIN
GLAUBE HAT DIR
GEHOLFEN!

Bartimäus kann wieder sehen

An einer Straße in Jericho saß der blinde Bettler Bartimäus.
Auch er hatte von Jesus gehört. Als Jesus mit seinen Jüngern
vorbeikam, schrie Bartimäus laut: „Jesus, hilf mir!" Die Leute, die
bei ihm standen, zischten ihn an: „Sei ruhig!" Er aber schrie nur noch
lauter. Jesus ging zu ihm, heilte ihn und sagte: „Bartimäus,
dein Glaube hat dir geholfen."

Suche den Anfang der Wortschlange und du weißt,
was Bartimäus Jesus zurief.

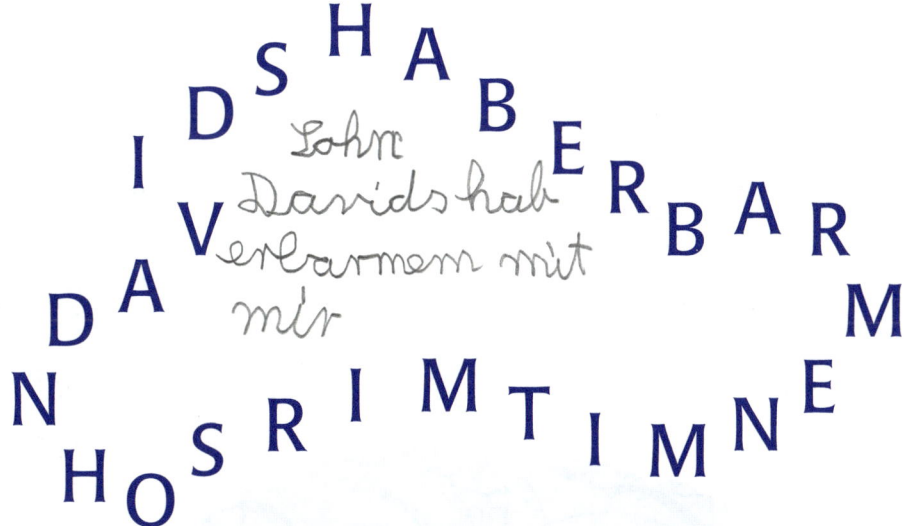

69

Sturm auf dem See

Einmal fuhren Jesus und seine Jünger mit einem Boot auf dem
See Gennesaret. Plötzlich kam ein gewaltiger Sturm auf. Die Jünger
schrien vor Angst. Jesus aber lag auf einem Kissen und schlief.
Die Jünger weckten ihn auf und riefen: „Hilf uns! Wir ertrinken!"
Da befahl Jesus dem Sturm: „Still!" Und der Sturm legte sich.
Die Jünger aber staunten sehr.

Das Silbenrätsel fasst die
Geschichte in Worten
zusammen.

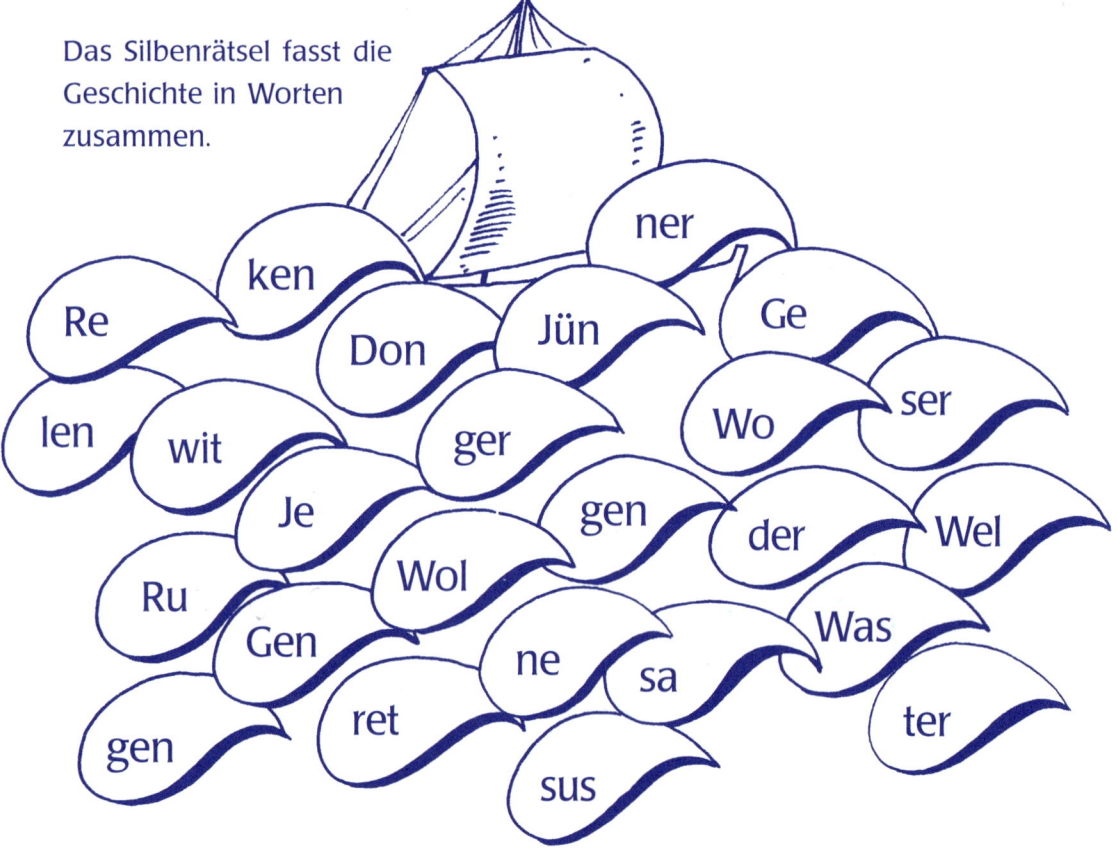

Jesus heilt einen Besessenen

Eines Tages brachten einige Leute einen Besessenen
zu Jesus. Er war ganz verwirrt und taumelte hin und her.
Böse Geister hatte ihn ergriffen. Jesus legte ihm die Hand auf
und befahl den Dämonen: „Verlasst diesen Mann!" Da fuhren
die Dämonen mit lautem Geschrei aus dem Mann heraus.

Was weiter geschah, erfährst du, wenn du die
Umrisse (rosa) ausmalst.

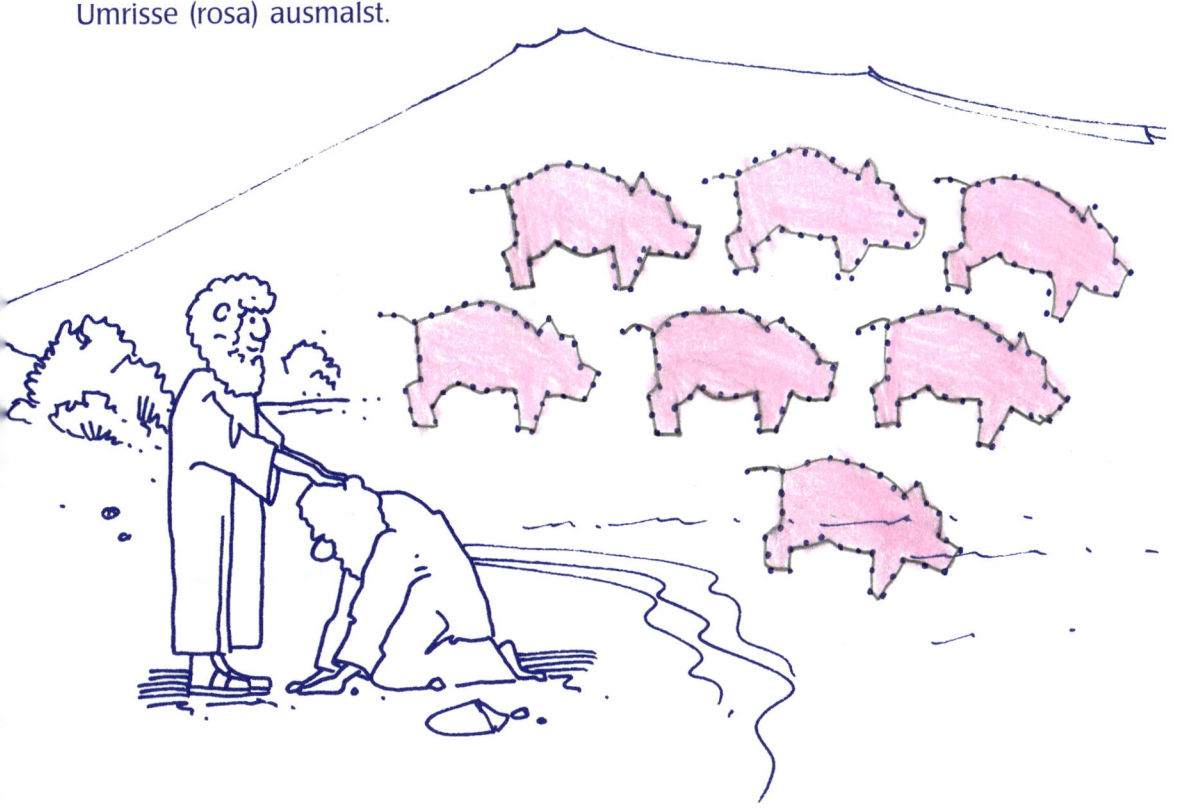

nach Markus 5,1-20

71

Jesus schenkt Lazarus das Leben

Marta und Maria schickten Boten zu Jesus und ließen ihm sagen:
„Unser Bruder Lazarus ist krank. Komm schnell und heile ihn!"
Als Jesus bei ihnen ankam, war Lazarus schon tot.
Da weinte er, denn Lazarus war sein Freund. Jesus betete
zu Gott und sprach:

Jesu Worte stehen in dieser
Zahlenschnecke, die du von
innen nach außen
lesen musst.

A-1	N-14
B-2	O-15
C-3	P-16
D-4	Q-17
E-5	R-18
F-6	S-19
G-7	T-20
H-8	U-21
I-9	V-22
J-10	W-23
K-11	X-24
L-12	Y-25
M-13	Z-26

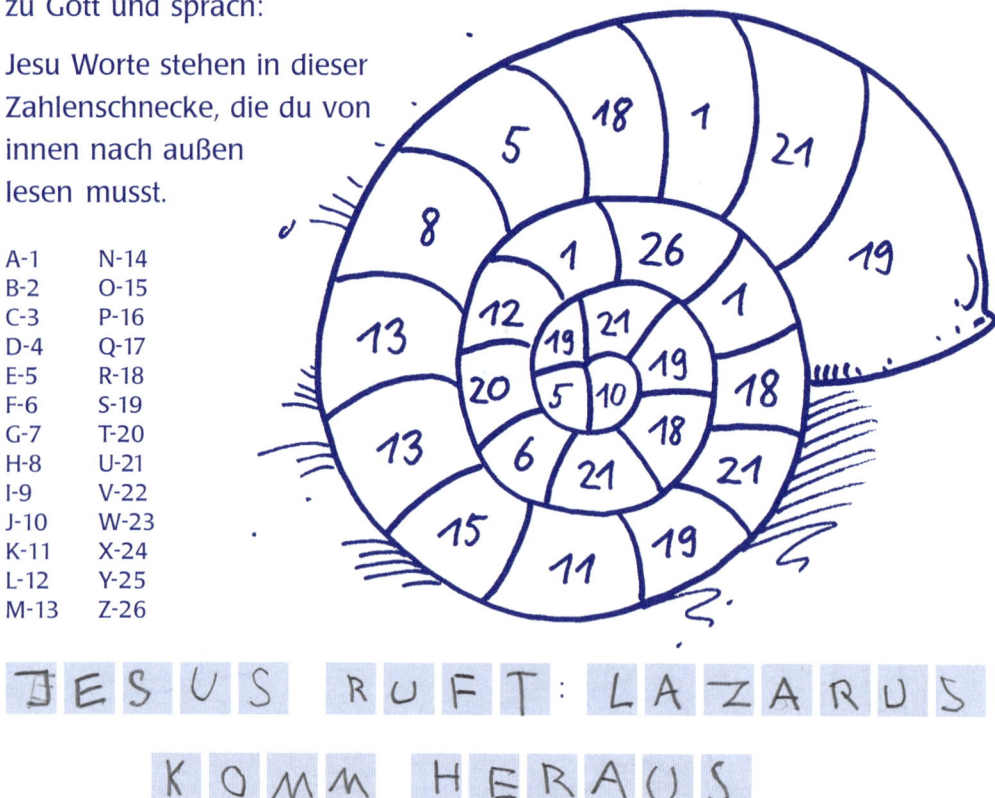

JESUS RUFT: LAZARUS
KOMM HERAUS

Da kam Lazarus aus dem Grab heraus: Er lebte. Alle waren froh.

Die Brotvermehrung

Viele Menschen kamen zu Jesus. Er erzählte ihnen vom Himmelreich. Als es spät wurde, bekamen sie Hunger, aber in der einsamen Gegend gab es nichts zu kaufen. Die Jünger hatten 5 Brote und 2 Fische dabei. Es waren aber viele Tausend Männer, Frauen und Kinder um Jesus versammelt. Da betete Jesus, segnete das Brot und die Fische und gab allen zu essen. Alle Menschen wurden satt und es blieben noch viele Körbe Brot übrig.

Wieviele Brote und Fische erkennst du auf dieser Decke?

73

Die Gleichnisse Jesu

Jesus erzählte den Menschen oft von der Liebe und Nähe Gottes. Dabei verglich er das Reich Gottes mit alltäglichen Erfahrungen der Menschen. Zum Beispiel sprach Jesus vom Sämann, der sein Feld bewirtschaftet; vom Kaufmann, der eine kostbare Perle kauft; vom Hirten, der ein Schaf verliert; von der Hausfrau, die Brot backt und von Gast- und Festmählern. Diese Geschichten beginnen meistens mit den Worten: „Mit dem Himmelreich ist es wie mit ...“
Durch diese Gleichnisse konnten auch einfache Menschen verstehen, worauf es Jesus ankam.

Der Sämann

Ein Sämann ging auf das Feld, um zu säen. Ein Teil der Körner fiel auf den Weg und Vögel fraßen sie. Ein anderer Teil fiel auf felsigen Boden und verdorrte. Ein anderer Teil fiel in die Dornen und die kleinen Pflanzen gingen ein. Ein anderer Teil fiel auf guten Boden und brachte viel Frucht.

Rechne aus, wieviel der Sämann auf seinen Feldern erntet!

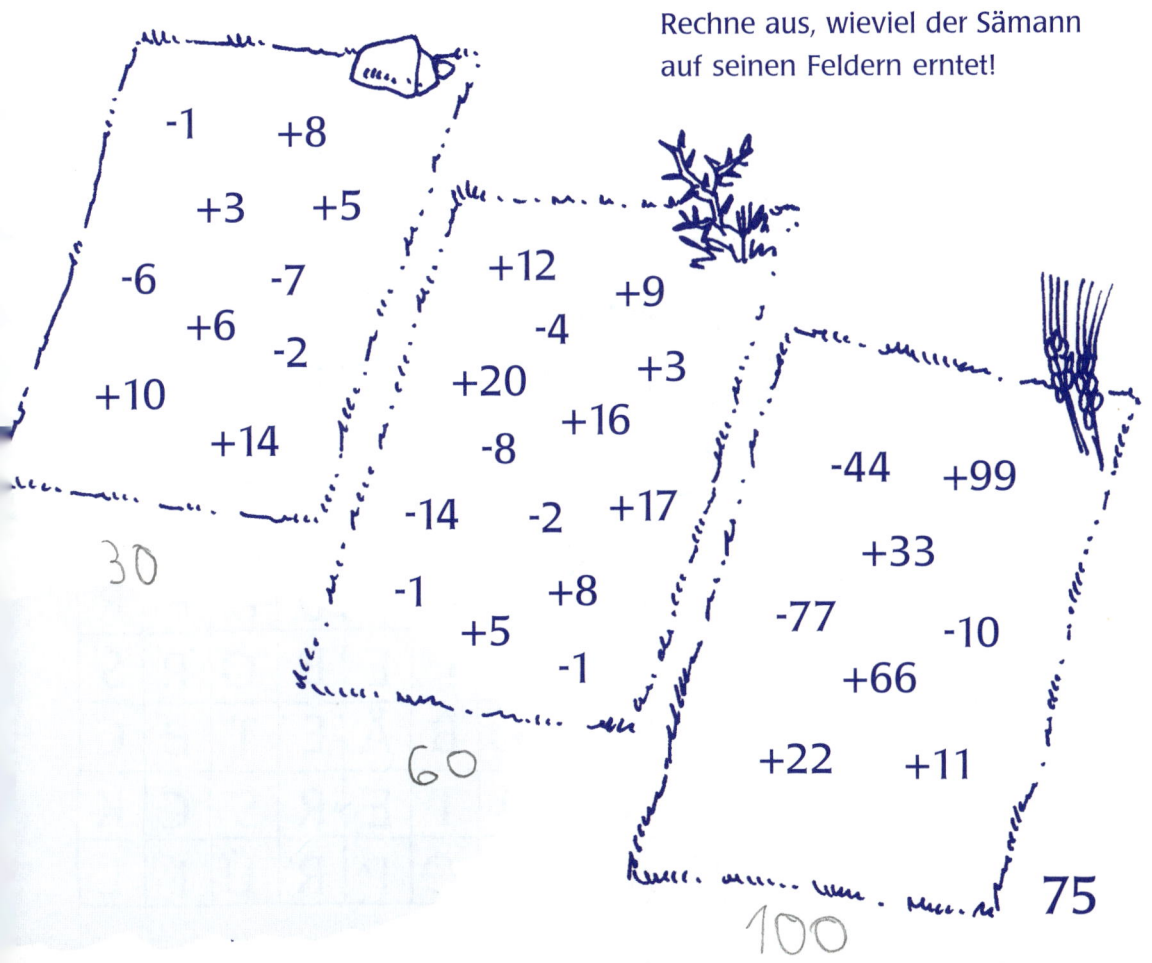

-1 +8
+3 +5
-6 -7
+6 -2
+10
+14

30

+12 +9
-4
+20 +3
+16
-8
-14 -2 +17
-1 +8
+5
-1

60

-44 +99
+33
-77 -10
+66
+22 +11

75

100

Der barmherzige Samariter

Ein Mann wurde auf dem Weg von Jerusalem nach Jericho
von Räubern überfallen. Sie plünderten ihn aus und ließen ihn
halb tot liegen. Da kam ein Priester vorbei, sah ihn und ging weiter.
Auch ein Tempeldiener ging vorbei, sah ihn und ging weiter.
Dann kam ein Samariter vorbei - die Juden und Samariter waren
miteinander verfeindet. Dieser sah ihn und hatte Mitleid mit ihm.
Er verband seine Wunden, gab ihm zu trinken und brachte
ihn in eine
Herberge.

Wieviele
Räuber haben
sich im
Gitternetz
versteckt?

A	Ö	S	R	T	P	R	Ä	U	B	E	R
Q	Ä	T	X	Ä	Z	Ä	Ü	M	N	P	O
S	I	K	L	M	U	Ü	N	B	C	F	E
G	H	K	R	Ä	U	B	E	R	S	R	T
P	Ä	Q	L	B	S	E	E	Y	Z	Ä	K
A	R	Ä	U	B	E	R	L	R	I	Ü	S
K	N	M	R	P	Q	C	H	Ä	T	B	U
Z	I	L	Y	Ä	V	R	Ä	U	B	E	R
M	O	P	S	K	U	I	L	B	Ö	R	S
X	V	A	K	B	Ö	B	Ä	E	T	B	C
Z	T	E	W	Q	A	T	E	R	S	C	K
I	P	Ö	Ä	D	F	O	P	R	Ü	I	L

Der verlorene Sohn

Ein Sohn verlangte von seinem Vater sein Erbteil und zog
in die Fremde. Dort lebte er in Saus und Braus, bis er kein Geld
mehr hatte. Da musste er Schweine hüten und hatte nichts
mehr zu essen. „Ich will zu meinem Vater zurückkehren und
bei meinem Vater als Knecht arbeiten", dachte er. Als der Vater
ihn von weitem sah, lief er dem Sohn entgegen, umarmte
und küsste ihn. Dann feierten sie ein großes Fest.

Ergänze die Bildhälften und male sie aus!

nach Lukas 15,11-32

Die klugen und törichten Jungfrauen

10 Jungfrauen warteten mit ihren Öllampen auf den Bräutigam. Sie warteten bis zum Abend. Schließlich verlöschten die Lampen. 5 Jungfrauen waren klug und hatten Öl dabei. 5 dagegen waren töricht. Sie mussten in die Stadt gehen und Öl kaufen. In der Zwischenzeit kam der Bräutigam und die 5 klugen Jungfrauen begleiteten ihn zum Fest. Die törichten jedoch kamen später nach und mussten draußen bleiben.

Füge die Buchstaben der brennenden Lampen zu einem Wort zusammen, dann weißt du, zu welchem Fest die Jungfrauen gingen.

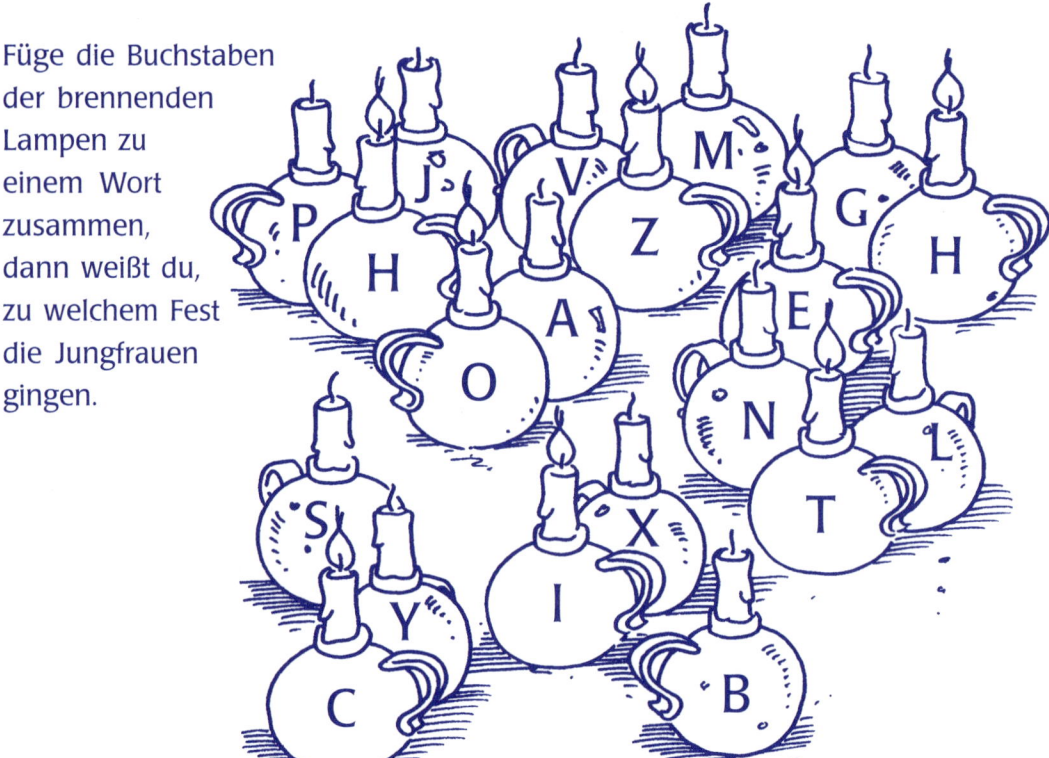

Das verlorene Schaf

Ein Hirte hielt Wache bei seinen Schafen. Plötzlich merkte er,
dass ein Schaf fehlte. Es war vom Weg abgekommen und
hatte sich verirrt. Da ließ der Hirte die 99 Schafe zurück
und suchte das verlorene Schaf. Als er es schließlich fand,
nahm er es auf seine Schultern und brachte es voll Freude
zur Herde zurück.

Suche das verlorene Schaf; es unterscheidet sich
nur wenig von den anderen.

nach Lukas 15,1-10

Tod und Auferstehung Jesu

Viele Leute waren von den Reden und Taten Jesu begeistert,
andere jedoch fanden sie bedrohlich. Sie hatten Angst ihr Geld oder
ihre Macht zu verlieren. Daher versuchten sie Jesus eine Falle zu
stellen und ihn festzunehmen. Dies gelang an einem Pascha-Fest:
Jesus feierte mit seinen Jüngern das Abendmahl. Danach ging er
zum Ölberg, um zu beten. Da kamen Soldaten und nahmen ihn fest.
Seine Jünger flohen vor Angst. Nach dem Verhör wurde Jesus
verurteilt und ans Kreuz geschlagen. Er starb. Sein Freund Josef
legte ihn in ein Grab. Am dritten Tag erschien er
einigen Frauen, dann auch den Jüngern.
Sie sagten:
„Gott hat Jesus
auferweckt.
Er lebt!"

Einzug in Jerusalem

Viele Menschen strömten zum Pascha-Fest nach
Jerusalem. Auch Jesus und seine Jünger waren
darunter. Seine Jünger besorgten ihm ein
Reittier und er ritt unter dem Jubel der
Menge wie ein König
in die Stadt ein.

Suche den
Weg nach
Jerusalem!

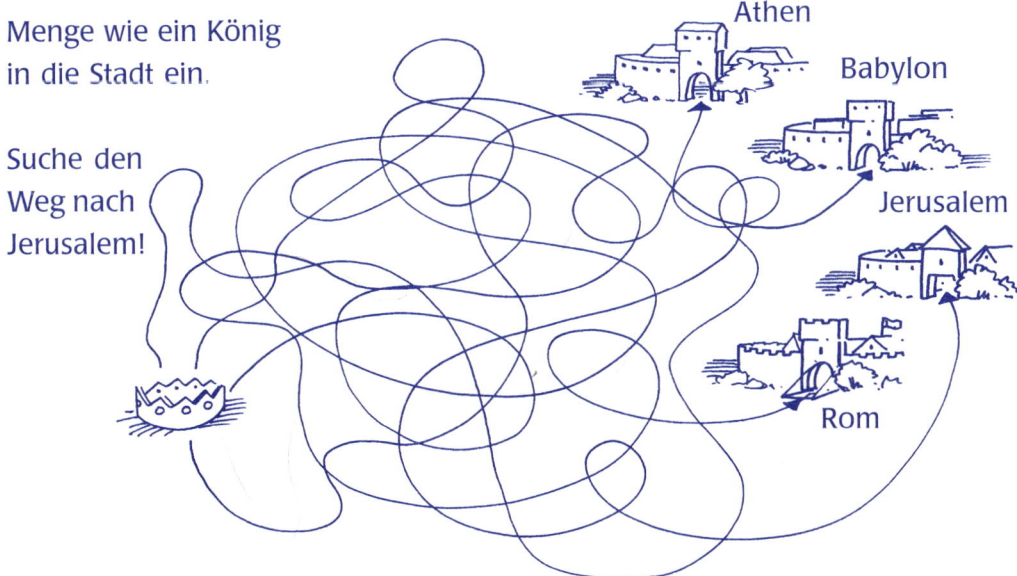

Athen

Babylon

Jerusalem

Rom

1. Auf welchem Tier ritt Jesus
nach Jerusalem ein?

a. Pferd
✓b. Esel
c. Kamel

2. Wie hießen die Schriftgelehrten,
die Jesus nicht mochten?

✓a. Pharisäer
b. Nasiräer
c. Ptolemäer

3. Was legten die Menschen
Jesus zu Füßen?

a. Girlanden
b. Blumen
✓c. Palmzweige

81

Die Vertreibung aus dem Tempel

Als Jesus in den Tempel ging, sah er viele Händler. Einige verkauften Opfertiere an die Tempelbesucher, andere wechselten Geld. Jesus wurde zornig und trieb die Händler aus dem Tempel.
Er sagte zu ihnen: „Dies ist ein Gotteshaus und keine Räuberhöhle!"

Lies waagerecht und senkrecht,
was ein Händler im Alten Orient verkaufte.

D	O	K	J	Y	P	V	Ä	C	I	K	L
B	M	Ä	S	C	H	A	F	E	D	B	N
Q	S	Z	X	P	Ö	S	T	O	F	F	E
G	E	W	Ü	R	Z	E	A	B	D	X	T
E	T	Z	K	I	D	N	U	S	Ö	Z	Ö
M	E	T	R	N	X	L	B	T	Y	Ö	P
Ü	E	R	T	D	S	B	E	Ü	Z	T	F
S	O	N	M	E	L	K	N	E	D	W	E
E	B	X	Y	R	S	C	H	M	U	C	K
J	E	D	I	Y	Ü	L					B

Das Abendmahl

Am Vorabend des Pascha-Fests feierten Jesus und seine Jünger
das Abendmahl. Da nahm er Brot, segnete und brach es, teilte es
mit seinen Jüngern und sagte: „Esst davon! Das ist mein Leib für euch."
Dann nahm er auch den Kelch mit Wein und sagte: „Trinkt daraus!
Ich gebe mein Leben für euch. Tut dies zu meinem Gedächtnis."

Schau dir
die Abend-
mahl-Szene
gut an.

In der
unteren
findest du
12 Fehler.

83

Jesu wird verhaftet

Nach dem Abendmahl ging Jesus mit seinen
Jüngern in einen Garten auf dem Ölberg, um zu beten.
Er hatte große Angst, denn er spürte, dass man ihn bald
töten werde. Judas, einer seiner Jünger, hatte ihn nämlich
verraten. Plötzlich kamen Soldaten und verhafteten Jesus.

G E T S E M A N A

Wie hieß der Garten,
in dem Jesus verhaftet wurde?

Jesus stirbt am Kreuz

Jesus wurde zum Tod am Kreuz verurteilt. Er wurde gegeißelt, dann musste er sein Kreuz zur Hinrichtungsstätte tragen. Soldaten schlugen ihn ans Kreuz. Nach Stunden der Qual rief Jesus: „Es ist vollbracht", und starb.

1. Wie hieß der römische Statthalter, der Jesus verurteilte?

P I L A T U S

2. Auf welcher Anhöhe wurde Jesus gekreuzigt?

G O L G O T A

3. Wer half Jesus das Kreuz zu tragen?

S I M O N

4. Was schrie die aufgebrachte Volksmenge?

K R E U Z I G E   I H N

5. Wie viele Verbrecher wurden mit Jesus gekreuzigt?

Z W E I

6. Welches Zeichen gab Judas den Soldaten, als er Jesus verriet?

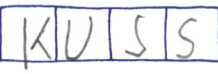

K U S S

7. Welcher Jünger stand unter dem Kreuz Jesu?

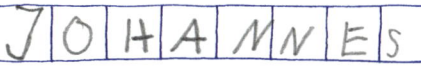

J O H A N N E S

8. Wer sagte unter dem Kreuz: „Wahrhaftig! Das war Gottes Sohn."

H A U P T M A N N

9. Was gab man Jesus am Kreuz zu trinken?

E S S I G

10. Womit durchbohrten die Soldaten die Seite Jesu?

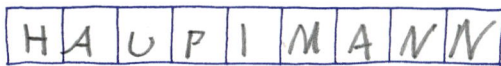

N Ä G E L

Die gekennzeichneten Buchstaben der Lösungswörter geben die Inschrift am Kreuz Jesu wieder. Übersetzt heißt sie: Jesus aus Nazaret, König der Juden.

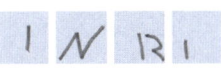

I N R I

85

Jesus lebt

Jesu Leichnam wurde in ein Felsengrab gelegt. Am dritten Tag machten sich Frauen auf den Weg, um ihn mit wohlriechenden Ölen zu salben. Als sie zum Grab kamen, war der Stein bereits vom Eingang weggewälzt. Ein Engel saß vor dem Grab und sprach: „Fürchtet euch nicht! Ihr sucht Jesus. Er ist nicht mehr hier! Gott hat ihn auferweckt." Die Frauen erschraken sehr und eilten voll Freude zu den Jüngern, um ihnen davon zu erzählen.

Was erkennen die Frauen am leeren Grab?

Der Gang nach Emmaus

Eines Tages gingen zwei Jünger von Jerusalem nach Emmaus. Sie
waren traurig über den Tod Jesu. Da begegneten sie einem Mann, der
sie begleitete. Sie sprachen miteinander und luden ihn in Emmaus zum
Abendmahl ein. Der Mann brach das Brot, dankte Gott und teilte es mit
ihnen. Da erkannten sie: Jesus hatte sie begleitet. Doch dann sahen
sie ihn nicht mehr. Freudig erzählten sie den anderen Jüngern
von ihrem Erlebnis.

Begleite die Jünger auf
ihren Weg nach
Emmaus!

nach Lukas 24,13-35

87

Die ersten Christen

Der Tod Jesu hatte seine Jünger und Freunde sehr erschüttert.
Ängstlich versteckten sie sich, denn sie fürchteten auch verhaftet zu
werden. Doch eines Tages wurde das anders. Gottes Geist kam auf sie
herab und sie fingen an, anderen ihren Glauben an Jesu Auferstehung
zu verkündigen. Sie fanden immer mehr Anhänger, die glaubten:
Jesus gibt Mut, ganz neu zu leben. Die Apostel reisten durch viele
Länder und gründeten Gemeinden. Zunächst erzählten die Jünger
nur den Juden von diesem neuen Weg. Doch dann
verkündete der Apostel Paulus auch allen anderen
Völkern die frohe Botschaft. So breitete sich der
Glaube der Christen in der ganzen Welt aus.

nach Apostelgeschichte

Gott schenkt seinen Geist

Die Jünger Jesu versteckten sich im Haus und schlossen die Tür ab.
Plötzlich hörten sie ein Sturmbrausen, das das ganze Haus erfüllte.
Es erschienen Feuerzungen, die sich auf jeden von ihnen verteilten.
Der Heilige Geist erfüllte sie. Da gingen sie auf die Straße und erzählten
den Menschen in allen Sprachen, dass Gott in Jesus allen Menschen
das Heil geschenkt hat.

Wie heißt das Fest des Heiligen Geistes?

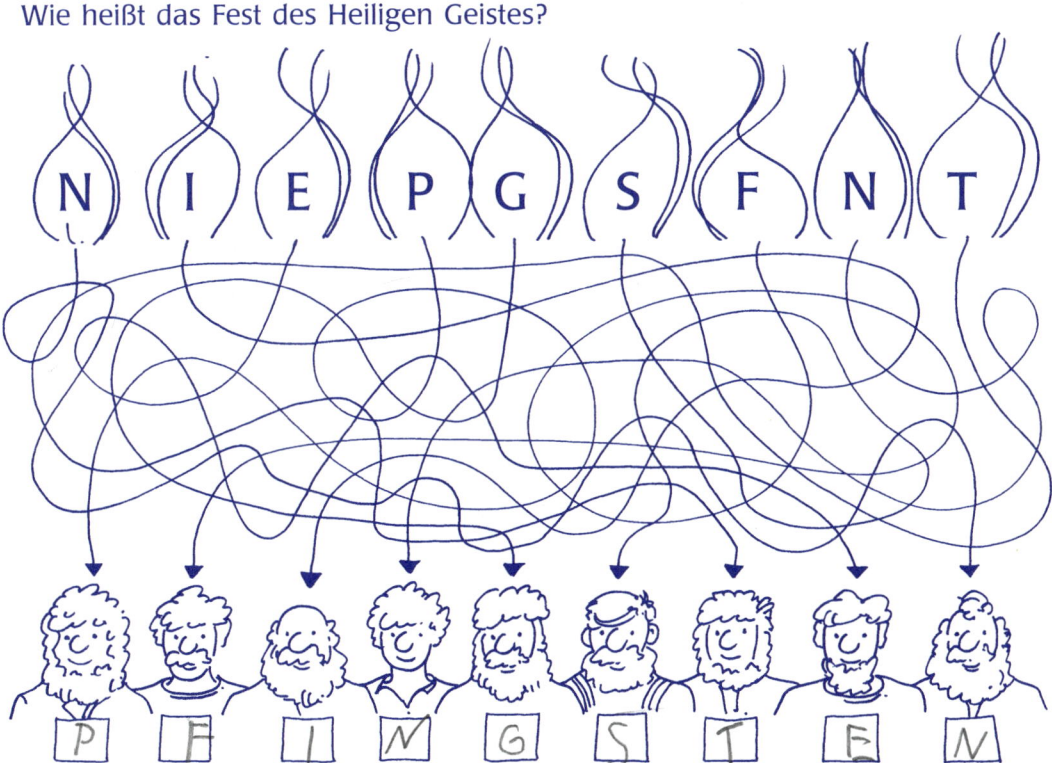

P F I N G S T E N

89

Ein Christ wird gesteinigt

Ein Mann aus der christlichen Gemeinde in Jerusalem
wurde von seinen Gegnern wegen Gotteslästerung
angeklagt. Er hielt eine flammende Rede zu seiner
Verteidigung und sagte: „Ich habe nichts anderes getan,
als Jesus nachzufolgen. Das kann doch nichts Unrechtes
sein." Doch sie ließen nicht von ihm ab und steinigten
ihn.

Entschlüssele die Schrift, in dem du die Zahlen
verbindest und immer wieder bei 1 beginnst.

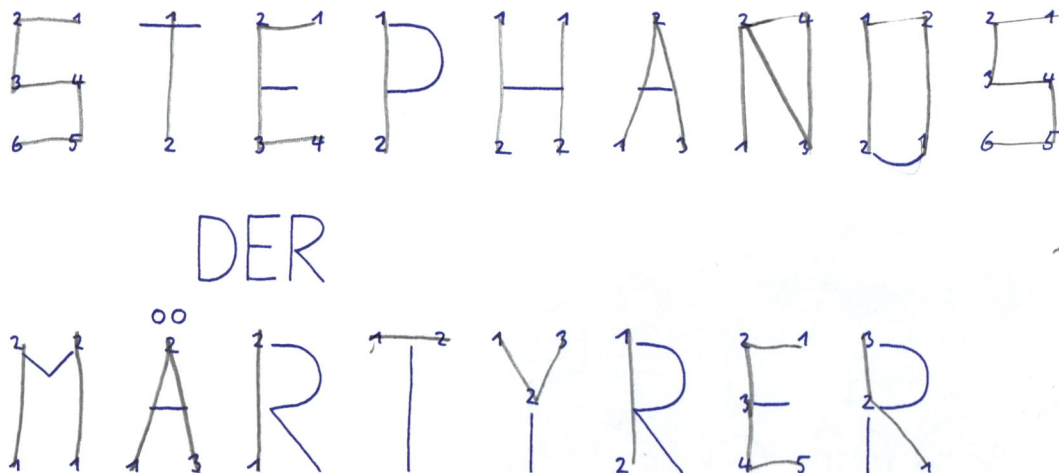

Paulus wird Christ

Paulus verfolgte die Christen und brachte sie ins Gefängnis.
Eines Tages hatte er ein außergewöhnliches Erlebnis: Ein Licht
vom Himmel blendete ihn, er stürzte vom Pferd und hörte eine
Stimme: „Paulus, warum verfolgst du mich?" „Wer bist du?",
fragte Paulus. „Ich bin Jesus", sagte die Stimme.
Da bekehrte sich Paulus und wurde Christ.

In welcher Stadt wurde Paulus bekehrt?

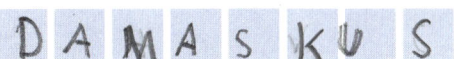

D A M A S K U S

91

Schiffbruch des Paulus

Der A P O S T E L Paulus wurde wegen seines Glaubens
1a 4c 3c 1d 2d 5a 6b

gefangen genommen. Er sollte vor den K A I S E R in Rom
5b 1a 3b 1d 5a 6c

gebracht werden. Ein H A U P T M A N N und seine
2b 1a 3d 4c 2d 1c 1a 2c 2c

Soldaten führten Paulus gefesselt auf ein S C H I F F und
1d 3a 2b 3b 6a 6a

segelten über das M I T T E L M E E R . Plötzlich
1c 3b 2d 2d 5a 6b 1c 5a 5a 6c

kam ein gewaltiger S T U R M auf. Tagelang sah man weder
1d 2d 3d 6c 1c

[ ][ ][ ][ ][ ] noch [ ][ ][ ][ ][ ][ ] am Himmel. Die
1d 3c 2c 2c 5a   1d 2d 5a 6c 2c 5a

[ ][ ][ ][ ][ ] zerfetzten, die Schiffsmasten zerbrachen, die See-
1d 5a 1b 5a 6b

leute warfen die [ ][ ][ ][ ][ ][ ] über Bord. Alle gerieten in
                 6b 1a 4a 3d 2c 1b

[ ][ ][ ][ ][ ] . Endlich lief das Schiff auf eine
4c 1a 2c 3b 5b

[ ][ ][ ][ ][ ][ ][ ][ ] auf, alle sprangen über B O R D
1d 1a 2c 4a 2a 1a 2c 5b   2a 3c 6c 4a

und konnten sich auf eine I N S E L
3b 2c 1d 5a 6b

retten. Die Bewohner nahmen sie freundlich auf
und versorgten sie.

	1	2	3	4	5	6
a	A	B	C	D	E	F
b	G	H	I	J	K	L
c	M	N	O	P	Q	R
d	S	T	U	V	W	X
e	Y	Z	Ä	Ö	Ü	

nach Apostelgeschichte 27

Die christlichen Gemeinden

Der Apostel Paulus war einer der bedeutendsten Missionare der jungen Kirche. Durch seinen Eifer wurde der Glaube an Jesus Christus in alle Welt getragen.

1. An welche Gemeinde schrieb Paulus einen Brief?

a. An die Berliner
b. An die Epheser
c. An die Römer

2. Wieviel Missionsreisen unternahm Paulus?

a. 10
b. 7
c. 3

3. Auf welcher Insel strandete Paulus auf dem Weg nach Rom?

a. Norderney
b. Malta
c. Mallorca

4. Wer war der Begleiter des Paulus?

a. der Jünger Barnabas
b. der Prophet Jesaja
c. der Evangelist Matthäus

5. Welcher bekannte Text stammt von Paulus?

a. Das Hohe Lied der Liebe
b. Das Frohe Lied des Landmanns
c. Das Komische Lied des Narren

6. Welche Gaben sind für Paulus die wichtigsten?

a. Fleiß, Pünktlichkeit, Ausdauer
b. Glaube, Hoffnung, Liebe
c. Kraft, Stärke, Schnelligkeit

Lösungen

S. 9: Die Schöpfung
1 Mond, 2 Sonne, 3 Stern, 4 Baum,
5 Blume, 6 Fisch, 7 Wasser, 8 Vogel,
9 Blatt, 10 Apfel

S. 10: Gott erschafft den Menschen
Bett, Schuh, Adler, Hund, Vase
Lösungssatz: Gott schuf Adam
und Eva

S. 13: In der Arche
Löwe mit 2 Schwänzen, Bär ohne Ohr,
3. Giraffe, 3. Storch, 3. Schaf, 3. Elefant,
3. Elch, gestreifte Giraffe, geflecktes
Zebra, Kamel mit 1 Höcker

S. 14: Futter für die Tiere
Hund - Knochen, Kuh - Gras, Eichhörn-
chen - Nüsse, Hühner - Körner, Katze -
Maus, Frosch - Fliege, Pinguin - Fisch,
Löwe - Antilope, Affe - Banane, Giraffe -
Blätter, Bär - Honig, Vogel - Raupe

S. 15: Bund mit Gott
Giraffe, Affe, Gnu, Esel, Elefant, Eisbär,
Otter, Känguru, Zebra, Seehund.
Lösungswort: Regenbogen

S. 18: Besuch bei Abraham und Sara
Sohn, Kalb und Brot, Zelt

S. 19: Die Opferung Isaaks
Widder

S. 21: Jakob und Esau
Linsengericht, Ziege

S. 22: Jakobs Traum
Esau, Stein, Traum, Engel, Himmel, Gott,
Segen

S. 23: Jakobs Familie
Rahel, Lea
Ruben, Josef, Benjamin

S. 25: Jakob und Josef
Jakob schenkte Josef einen bunten Rock

S. 26: Josef im Brunnen
1 Schaf, 2 Rock, 3 Brunnen, 4 Seil, 5 Kamel,
6 Geld, 7 Pyramide, 8 Palme

S. 27: Josef in Ägypten
Nil, Korn, Josef, Pharao, Sklaven, Benjamin,
Pyramiden, Hungersnot

S. 30: Mose am Dornbusch
Hirte, Schafe, Berg, Dornen, Schuhe, Knie
Lösungssatz: Ich bin da

S. 31: Die Plagen in Ägypten
Frosch, Fliege

S. 33: Der Auszug
Aaron, Rotes Meer, 40 Jahre, zehn Gebote

S. 34: Die Israeliten in der Wüste
Manna und Wachtel

S. 35: Die Zehn Gebote
Du sollst Vater und Mutter ehren.
1, 4, 5, 7, 8

S. 37: Der starke Simson
1b, 2a, 3c, 4a, 5b, 6b

S. 40: David und Goliat
Handy, Sonnenbrille, Boxhandschuh, Tennisschläger, Pistole, Schirm, Rollschuhe, Baseballkappe.

S. 41: David wird König
Samuel, sieben, König, Gott, Schafe, Öl, Harfe, Krieger

S. 43: Der weise Salomo
Frauen, Baby, Nacht, Soldaten, Schwert, Hälfte, lieb

S. 46: Jona im Bauch des Fisches
Jona, Schiff, Seeleute, Sturm, Angst, Beten, Meer, Wal, Bauch, Rettung, Ninive, Umkehr

S. 49: Daniel in der Löwengrube
Grube, Gebrüll, fressen, Löwe, Palast, Perser, Sklave, Rute, Götzen

S. 51: Elija und die Witwe
Öl und Mehl gehen nicht aus

S. 52: Elija und die Baalspriester
Regen, Himmel

S. 53: Die Psalmen
1. Mauer, 2. Hirte, 3. Burg, 4. Weg, 5. Mund, 6. Hirsch, Wasser

S. 56: Die Hirten auf dem Felde
Ehre sei Gott und Friede auf Erden

S. 59: Johannes in der Wüste
Brille, Kravatte, Kugelschreiber, Fernrohr, Radio, Armbanduhr, Sandale, Fahne.

S. 60: Die Taufe Jesu
1a, 2c, 3a, 4b, 5c, 6a

S. 61: Der Tod des Johannes
furchtloser, König, Volk, Gebote, Worte, Herodias, Soldaten, Gefängnis, Fest, Salome, Mutter, Kopf

S. 63: Jesus und die Jünger
Petrus, Andreas, Jakobus, Johannes, Philippus, Bartholomäus, Thomas, Matthäus, Jakobus, Thaddäus, Simon, Judas (siehe Mattäus 10,1-4)

S. 64: Der Mann auf dem Baum
Zachäus der Zöllner (Lukas, 19,1-9)

S. 65: Jesus und der reiche Jüngling
1 Kette, 2 Ring, 4 Uhr, 5 Geldbeutel, 6 Haus, 7 Fernseher, 8 Kamm, 9 Radio, 10 Fahrrad, 11 Pferd, 12 Schloß, 13 Lamm;
Lösungswort: Himmelreich

S. 67: Die Hochzeit von Kana
8 leere Flaschen (Johannes 2,1-11)

S. 68: Jesus heilt einen Gelähmten
Steh auf und geh, dein Glaube hat dir geholfen (Markus 2,1-12)

S. 69: Bartimäus kann wieder sehen
Sohn Davids, hab Erbarmen mit mir (Markus 10,46-52)